10대에 투자가 궁금한 나,
어떻게 할까?

10대에
투자가 궁금한 나,
어떻게 할까?

투자의 개념부터 실행까지
새내기 투자가가 알아야 할 모든 것

다카하시 마사야 글 | 김정환 옮김

오유아이 Oui

우리 사회는
누군가의 '투자'로 이루어져 왔다!

여러분도 생활 속에서 '투자'라는 말을 보거나 들은 적이 있을 것이다.

- 경기 침체의 영향으로 기업의 설비 투자가 감소했다.
- 스마트폰이 보급되면서 손쉽게 주식 투자를 할 수 있게 되었다.
- 나에 대한 투자로서 새로운 자격증을 따려고 한다.

투자라는 용어는 다음과 같이 매우 다양하게 사용된다.

- **설비 투자** - 회사가 건물이나 기계를 사는 것
- **인재 투자** - 인재를 키우기 위해 시간이나 돈을 쓰는 것
- **주식 투자** - 주식을 사서 수익을 내려고 하는 것
- **자기 투자** - 어학이나 자격증 등 어떤 능력을 획득하기 위해 노력하는 것

모두 투자라는 말을 쓰지만, 실제로 하는 행동은 크게 다르다. 게다가 투자라는 용어의 의미를 알기 쉽게 정리한 책이나 자료도 찾아보기 힘들다.

그래서 이렇게 다양한 의미로 사용되고 있는 '투자'라는 용어를 정리해 소개하고자 이 책을 쓰게 되었다. 특히 중학생 또는 고등학생인 여러분이 경제에 관해 공부하거나 앞으로 사회에 진출할 때 도움이 될 수 있도록 썼다.

1장에서는 투자와 관련된 여러 용어를 살펴본다. 예를 들어 '리스크'라는 용어가 있는데, 여러분은 아마도 '위험성'이라는 의미로 알고 있을 것이다. 그러나 이 책을 읽으면 리스크라는 용어에는 위험성 말고도 다양한 개념이 있다는 사실을 알게 된다.

2장에서는 일, 장사, 사업에 관련된 투자를 소개한다. 사업을 할 때 어떤 식으로 투자를 결정하는지 그 원리를 살펴본다.

3장에서는 '돈으로 돈을 불리는' 금융 투자를 소개한다. 최근에는 투자라는 말이 이 의미로 사용되는 경우가 많다. 실제로 이런 투자를 할 생각이 있든 없든 간에 지식으로서는 알아 두는 편이 여러분의 삶을 풍요롭게 만드는 데 도움이 될 것이다.

그리고 장마다 '한 발짝 뒤에서'라는 칼럼 형식의 글을 실어 직접적인 투자 이야기에서 한 발 물러나 내가 경험한 이야기와 생각을 나누고자 했다. 앞으로 여러분이 사회에 진출할 시기가 되어서 무엇을 해야 할지 고민될 때 참고가 되길 바랄 뿐이다.

여러분이 이 책을 읽고 이 사회가 누군가의 '투자' 결단으로 이루어져 왔다는 사실을 느낀다면 나로서는 기쁜 일이다.

그럼 지금부터 투자에 관해 공부해 보자!

차례

3장
금융에서 이루어지는 투자

용어를 알면
길이 보인다

투자

돈뿐만이 아니라 시간이나 능력도 활용!

먼저 이 책에서 다루려고 하는 '투자'가 무슨 뜻인지 알아보자. 국어사전에서 투자를 찾아보면 "이익을 얻기 위하여 어떤 일이나 사업에 자본을 대거나 시간이나 정성을 쏟음."이라고 정의되어 있다. 인터넷에서 투자를 검색해 보면 위키백과에 "특정한 이득을 얻기 위하여 시간을 투입하거나 자본을 제공하는 것을 말한다. 투자는 미래의 이익을 기대하며 돈(때로는 시간과 같은 자원)을 할당하는 것이다."라고 설명해 놓았다.

어떤가? 이해가 되는가? 표현이 조금 어렵게 느껴진다면 이렇게 이해하기 바란다.

앞으로 인생을 풍요롭게 살기 위해
지금 자신이 가지고 있는 '여러 가지 것들'을 사용하는 것.

그러면 구체적인 예를 들어 생각해 보자.

대부분의 사람이 그렇듯, 여러분도 아마 수중에 돈이 많았으면 하고 생각할 것이다. 그렇지만 여러분이 정말로 원하는 것은 돈 자체가 아닐 것이다. 돈이 많으면 갖고 싶은 물건을 살 수 있고, 또 가고 싶은 곳에도 갈 수 있으니 돈을 원하는 것이다.

지금 여러분의 수중에 돈이 100만 원 있다고 해 보자. 그 100만 원을 써서 새로운 지식을 배우면 매년 20만 원을 벌 수 있다. 자, 여러분은 새로운 지식을 배우기 위해 100만 원을 쓰겠는가?

지금 100만 원을 쓰더라도 5년 동안만 일하면 원금인 100만 원을 되찾는다. 그리고 6년째부터는 처음에 쓴 100만 원보다 많은 돈을 손에 넣을 수 있다. 그렇게 해서 매년 돈을 벌면 갖고 싶은 물건을 사거나 가고 싶은 곳에 갈 수 있게 된다.

물론 지금 수중에 있는 돈을 몽땅 써 버리기가 꺼려질지도 모른다. 그러나 현금 상태로 집 안에 보관한들 돈이 저절로 불어나지는 않는다. 그렇다면 돈을 써서라도 새로운 지식을 배우는 편이 낫지 않을까?

이것은 최대한 단순화한 예인데, 세상 사람들은 투자라는 말을 이런 의미로 사용한다. 그리고 또 한 가지 중요한 사실이 있다. 앞에서는 돈을 예로 들었지만, 인생을 풍요롭게 살기 위해 사용하는 '여러 가지 것들'에는 돈 말고도 다음과 같은 것이 있다.

- **시간**: 돈보다 한정적이며 누구나 평등하게 가지고 있는 것이

다. '무엇에 시간을 사용할 것인가?'는 아주 중요한 문제다.

·능력: 흔히 누구나 "하면 된다!"라고 말하지만, 역시 인간에게는 한계가 있기 마련이다. 그리고 저마다 잘하는 분야와 못하는 분야가 있다. 예를 들어 100미터 단거리 경주를 잘하는 선수가 마라톤도 잘하기는 어렵다. 자신이 잘하는 분야를 찾아내 그것을 어떻게 키워 나갈 것인가? 이것은 매우 중요한 결단이다.

중학생 또는 고등학생인 여러분에게는, 장래에 의사가 되고 싶어서 생물학 공부를 열심히 한다거나 프로 축구 선수가 되고 싶어서 날마다 운동장에 나가 꾸준히 연습하는 것도 훌륭한 투자 활동이라고 할 수 있다.

리스크

미래는 아무도 모른다

　이번에는 '리스크risk'가 무슨 뜻인지 알아보자. '들어가는 말'에서도 이야기했지만, 여러분은 아마도 '리스크＝위험'이라고 생각하고 있을 것이다. 물론 그런 의미로도 자주 사용되므로 여러분이 잘못 생각하고 있는 것은 아니다. 국어사전에서도 '리스크'라는 용어를 찾아보면 "투자에 따르는 위험."이라고 적혀 있다. 그런데 영어 리스크에는 '불확실성'이라는 의미도 있다. 여기에서 말하는 불확실성은 다음과 같은 뜻이다.

　좋은 일이 일어날지도 모르고,
　나쁜 일이 일어날지도 모른다.

　이렇게 양쪽의 의미를 다 가지고 있다.

앞에서 들었던 예를 다시 한번 생각해 보자. 100만 원을 써서 매년 20만 원을 벌어들일 수 있는 새로운 지식을 배울 수 있다. 다만 그 지식도 절대적인 것은 아니다. 어쩌면 좀 더 새로운 지식이 등장하는 바람에 기껏 공부한 지식의 가치가 크게 떨어질 수도 있고, 반대로 그 지식의 인기가 점점 올라가서 더 많은 돈을 벌어들일 수도 있다.

이것은 달리 말하면 "미래를 예지할 수 있는 능력은 누구에게도 없다."라는 뜻이다. 소설이나 만화를 보면 미래 예지 능력을 가장 큰 능력으로 여기는데, 이것은 투자의 세계에서도 마찬가지라고 할 수 있다. 다시 말해 미래를 알 수 없기 때문에 모두 투자 문제로 고민하는 것이다. 여러분 주위의 어른들도, 사람들에게 잘 알려진 대기업도, 심지어 정부조차도 무엇에 어떻게 투자해야 할지를 놓고 끊임없이 고민한다.

혹시 "100퍼센트 확실하게 돈을 벌 수 있는 일이 있습니다!"라고 말하는 사람이 있다면 조심하기 바란다. 이 세상에 100퍼센트 확실한 것은 절대 없다.

통계

과거와 현재를 바탕으로 미래를 예측한다

그 누구도 미래를 예측할 수 없기에 세상에는 언제나 리스크가 가득하다. 이런 상황에서 우리는 무엇을 선택해 실행에 옮겨야 할까? 이 문제에 대처하기 위한 방법으로 최근 크게 주목받기 시작한 것이 '통계'다. 통계란 다음과 같은 뜻을 가지고 있다.

지금까지 일어났던 일을 모아서 분석해,
아마도 이런 것이리라는 가설을 만드는 작업.

여기에서는 '기온과 인기 상품의 관계'라는 유명한 사례를 소개하겠다. 기온의 변화에 따라 잘 팔리는 상품이 크게 달라진다는 것이다. 이를테면 기온이 섭씨 25도 이상 올라가면 아이스크림이 잘 팔리게 된다. 그런데 기온이 더 올라서 섭씨 32도가 넘으면 이번에는 빙수가 잘 팔리게 된다. 따라서 올여름이 무더울 것이라는 정보를 입수했다면 빙수를 많이 준비해 놓는 편이 좋고, 반대로 선선한 여름이 예상된다면 아이스크림을 많이 준비해 놓는 편이 낫다는 것이다.

미래를 미리 알기는 어렵지만, 과거의 경험을 바탕으로 예상해 볼 수는 있다. 특히 최근에는 IT 기술이 발전하면서 수많은 정보나 경험을 모아서 분석할 수 있게 되었다. '빅 데이터'라는 말을 들어 본 적이 있을 것이다. 인간의 수작업으로는 다루기 힘든 방대한 양의 정보도 컴퓨터를 사용하면 손쉽게 처리할 수 있다.

SNS를 운영하는 기업은 자기네 회사의 SNS에 올라오는 수많은 글을 통해 '요즘은 이런 것이 잘 팔린다', '사람들은 이런 것에 관심이 있는 모양이다' 같은 정보를 모은다. 이렇게 모은 정보는 다른 기업에 팔린다. 정보를 산 기업은 신상품 개발 등에 그 정보를 활용한다. 여러분이 SNS에 무심코 올리는 글이 기업의 상품 개발에 이용되고 있는 것이다.

앞에서 들었던 예를 다시 한번 생각해 보자.

"100만 원을 들여 공부를 해서 어떤 지식을 익힌 사람 가운데 실제로 매년 20만 원을 벌어들이는 사람은 전체의 70퍼센트 정도라고 한다."

만약 이런 정보가 있으면 아무런 정보도 없을 때보다 100만 원을 들여서 공부를 해야 할지 말지 판단하기가 쉬워지지 않을까?

다만 통계가 모든 것을 알려 주지는 않는다. 지금까지 그래 왔다고 해서 앞으로도 계속 그러리라는 보장은 없다. 세상은 리스크, 다시 말하면 불확실성으로 가득하기 때문이다. 그리고 이따금은 예상도 하지 못했던 일이 일어난다. 안전하다고 생각했던 것이 오히려 위험해지고, 쓸모가 없다고 생각했던 것이 중요해진다. 역사 속에서는 이런 일이 수없이 일어났다.

또한 통계를 의도적으로 무시하고 전례가 없었던 일에 도전한 사람이 세계적인 위업을 달성하기도 한다. 진심으로 해 보고 싶은 일이 있다면 의도적으로 통계를 외면해 보는 것도 좋을지 모른다.

어떤 길로 나아가려 하든, '통계'에 관해 알아 둬서 손해 볼 일은 없다. 통계를 알면 의도적으로 통계를 거스르는 선택도 할 수 있다.

캐시플로

돈의 흐름을 만들어 내는 '융통의 달인'이 되자

'캐시플로cash flow'라는 용어를 우리말로 옮기면 '현금·예금의 흐름'이라는 뜻이다. 돈이 들어오고 나가는 흐름을 아는 것은 투자를 생각할 때 매우 중요한 일이다.

앞에서 들었던 예를 한 번 더 생각해 보자. 본래 우리 수중에 있었던 돈은 100만 원이다. 그리고 그 100만 원을 쓰면 매년 20만 원을 벌어들일 수 있는 지식을 익힐 수 있다. 다만 100만 원을 쓰면 일시적으로 수중에 돈이 한 푼도 없게 된다. 만약 그 상태에서 예상하지 못한 사고가 일어난다면 어떻게 될까? 그때는 그야말로 끼니마저 걱정해야 할 형편에 놓일지도 모른다.

그런데 돈을 나눠서 낸다면 어떨까? 100만 원을 한꺼번에 내는 것이 아니라 매년 25만 원씩 나눠서 내는 것이다. 그 대신 5년에 걸쳐 125만 원을 주겠다고 제안한다. 그러면 어떻게 될까?

- 여러분은 수중에 돈을 남겨 둔 상태로 새로운 지식을 배우는 데 힘쓸 수 있다.
- 상대방은 합쳐서 125만 원을 받게 되므로 한꺼번에 받을 때보다 많은 돈을 벌 수 있다.

이처럼 여러분도 상대방도 수긍이 가는 거래를 할 수 있다. 이런 식으로 돈의 융통(금전이나 물품 따위를 돌려씀)을 궁리하는 것이 캐시플로 관리다. 지금 가지고 있는 돈과 앞으로 손에 들어올 돈의 균형을 생각하면서 돈을 융통한다. 회사나 정부는 바로 이런 관점에서 투자를 해야 할지 말아야 할지 생각한다.

우리 사회에는 학자금 대출 지원 제도가 있다. 이것 또한 일종의 캐시플로 관리다. 학생은 학교에 다니기 위해 돈을 빌려서 지식을 습득하고, 그 지식을 활용해서 직업을 얻어 돈을 벌며, 그 돈으로 빌린 돈을 갚는다.

물론 학교에서 공부를 하는 목적이 단순히 '미래에 돈을 벌기 위해서'만은 아니다. 돈이 되지는 않지만 인생을 풍요롭게 만들어 주는 지식도 많다. 또한 이 책에서도 살짝 다루겠지만, 인공지능의 발전으로 문학, 철학, 종교 등 지금까지 '돈이 되기 힘들다'고 여겨졌던 학문이 경제의 세계에서 주목을 받고 있다.

캐시플로는 매우 중요한 개념이다. 돈이 올바른 방향으로 흐르면 많은 것을 실현할 수 있게 된다. '꿈과 희망이 있으면 돈 따위는 없어도 괜찮아!'라고 생각하는 사람들이 있는데, 이상적일지는 모르지만 그다지 권할 만한 사고방식은 아니다. 그러나 돈만을 기준으로 모든 일을 결정한다면 그것 또한 극단적인 사고방식이 되어 버린다. '돈만 많으면 다 잘 풀리는 거 아니야?'라는 생각에서 인생의 길이 나쁜 방향으로 틀어져 버린 사람도 많다.

중요한 것은 수중에 있는 돈을 유지하는 데 집착하지 않고 어떻게 그 돈을 효과적으로 사용해 올바른 흐름을 만들어 낼 것이냐이다. 돈을 잘 쓰는 것은 돈을 잘 버는 것보다 더 어렵다. 캐시플로를 공부할수록 이 점을 절실히 느낀다.

5

트레이드오프

자신이 선택한 길을 즐기자

'트레이드오프trade off'는 '취사선택'이라는 뜻으로 풀이할 수 있다. 무엇인가를 선택한다는 것은 다른 무언가를 선택하지 않는다는 뜻이다. 이번에도 앞에서 든 예를 가지고 생각해 보자.

수중에 있는 돈 100만 원을 들여 매년 20만 원을 벌 수 있는 지식을 배울 수 있다. 한편 다른 지식을 배우면 매년 50만 원을 벌어들일 수 있지만, 이 지식은 매우 불안정한 탓에 운이 없으면 10만 원 정도밖에 벌어들이지 못할 수도 있다.

자, 여러분이라면 어느 쪽을 선택하겠는가? 수중에 있는 돈이나 시간은 한정적이므로 양쪽을 모두 선택할 수는 없다. 그리고 이때 중요한 점은 '내가 선택한 것이 아닌 다른 쪽을 선택했을 때의 결과는 알 수 없다'는 것이다.

소설이나 만화의 세계에서는 다중 우주에 관한 이야기가 종종 나온다. '그때 다른 선택을 했다면 세상은 어떻게 되었을까?'라는 의문에서 비롯된 것이다. 실제로 '양자 역학'이나 '초끈 이론'이라는 어려운 학문에서는 다른 우주에 관해 생각한다고 한다.

그러나 투자를 생각할 때는 고르지 않은 선택지는 애초에 없었던 것으로 여길 수밖에 없다. 그리고 다시 한번 말하지만, 미래를 미리 알 수는 없다. 아무리 통계를 내고, 캐시플로를 검토하고 또 검토해도 '어느 쪽을 선택해야 하는가?'에 관해 100퍼센트 확실한 정답을 알 수는 없다.

인생은 결단의 연속이다. 이 책을 읽고 있는 여러분 중에는 다음과 같은 문제로 고민하는 사람도 있을 것이다.

- 대학교에 진학해야 할까, 아니면 취직을 해야 할까?
- 대학교에 간다면 어느 학교를 가야 할까?
- 전공은 무엇으로 해야 할까?

그리고 어른들도 모두 고민을 거듭한다.

- 어느 회사에 취직해야 할까?
- 회사를 옮기는 편이 나을까, 아니면 지금 다니는 회사에 남아야 할까?
- 이 사람과 결혼해도 괜찮을까?

이것은 회사도 마찬가지다.

- 새로운 분야의 사업을 시작해야 할까, 하지 말아야 할까?

- A와 B 중 누구를 고용해야 할까?
- 새로운 공장을 건설해야 할까?

정부 또한 마찬가지다.
- 경제를 활성화하기 위해 법을 바꿔야 할까, 현재의 법을 유지해야 할까?
- 미래의 안정을 위해 어느 나라와 사이좋게 지내야 할까?

고민하는 주체는 다르지만, 모두가 알 수 없는 미래를 두고 고민을 거듭한다. 이것도 저것도 다 선택할 수는 없으며, 선택하지 않은 것은 버릴 수밖에 없다. 이것이 투자에서 말하는 트레이드오프의 개념이다.

인간은 자신도 모르게 '그때 ……했다면'이라는 생각을 하게 된다. 그러나 자신이 고르지 않은 선택지에 관해 계속 생각하는 것만큼 무의미한 행동은 없다. 자신이 선택한 길을 받아들이고 어떻게 살아갈지 궁리하자. 이것이 트레이드오프의 가르침이다.

여러분에게 조언을 한다면, 트레이드오프에서는 돈만을 판단의 잣대로 삼지 말고 시간, 보람, 즐거움 등을 고려해 종합적으로 판단하는 것이 좋다.

- 돈도 그럭저럭 벌 수 있고, 시간도 여유가 있을 것 같다.

- 시간은 크게 구속받지만, 보람 있는 일을 할 수 있을 것 같다.
- 시간도 구속받고 정신적으로도 인내가 필요하지만, 돈은 많이 벌 수 있을 것 같다.
- 이 사람과 함께라면 즐겁게 살 수 있을 것 같다.

솔직히 말하면, 돈은 없는 것보다 있는 편이 좋다. 그러나 캐시 플로를 설명할 때 말했듯이, 돈이 전부는 아니다. 또한 돈은 수단이지 목적이 아니다. '인생이 즐거워질 것 같은가?', '웃음을 잃지 않고 살 수 있을 것 같은가?' 등 종합적인 관점에서 판단해 보자.

6

매몰 비용

빠르게 태세 전환! 상한 케이크에 집착하지 말자

이제 '매몰 비용'이라는 용어를 알아보기로 하자. 이번에도 앞에서 든 예를 가지고 생각해 보자.

3년 전, 수중에 있던 100만 원을 써서 새로운 지식을 배웠다. 그 뒤로 3년 동안 예상대로 매년 20만 원을 벌었는데, 올해 들어 갑자기 더 새로운 지식이 등장했다. 이대로 가면 더 새로운 지식의 영향으로 올해는 5만 원 정도밖에 벌지 못할 듯하다. 그리고 앞으로도 수입이 점점 줄어들 것으로 예상된다.

한편 더 새로운 지식을 습득하려면 또 돈을 써야 하는데, 이미 배운 지식에 대한 미련을 버리고 다시 더 새로운 지식을 배우려고 힘써야 할까?

왠지 슬픈 이야기이지만, 현실 세계에서는 이런 일이 자주 일어난다. 지식이나 기술은 시간이 갈수록 진부화된다. 진부화는

'기계, 설비 같은 고정 자산의 수명이 줄어드는 일. 곧 더는 가치가 없어지는 것.'을 이른다. 특히 IT 기술의 발전으로 지금까지 가치가 있다고 여겨졌던 수많은 지식과 기술이 진부화되었으며, 앞으로는 인공지능이 발전함에 따라 더 많은 지식과 기술이 진부화될 것이라고 한다.

자, 앞으로 돌아가서 "다시 더 새로운 지식을 배우려고 힘써야 할까?"라는 질문에 대한 여러분의 생각은 어떤가? 3년 전에 익혔던 지식은 앞으로 점점 쓸모가 없어질 것이므로 상식적으로 생각하면 당연히 좀 더 새로운 지식을 익혀야 한다. 그런데 인간은 그렇게까지 논리적으로 행동하지는 못한다.

'가진 돈을 전부 쏟아부어서 배운 지식을 기껏 3년 만에 포기할 수는 없어!'

'하다못해 본전이라도 찾기 전까지는 절대 못 버려!'

이런 생각이 든다. 앞에서 든 예를 보면, 100만 원을 써서 지식을 습득한 결과 60만 원을 손에 넣었다. 다시 말해 40만 원을 더 벌지 못한다면 손해를 본 셈이 된다. 그러나 냉정하게 생각해 보면 앞으로 그 지식을 이용해서 40만 원을 더 벌어들이기는 힘들어 보인다. 기껏해야 매년 5만 원 정도밖에 벌지 못하며, 그마저도 점점 줄어들 것이기 때문이다. 이런 경우에 40만 원을 '매몰비용'이라고 부른다.

이 이야기를 듣고 중학생 또는 고등학생인 여러분이 어떤 느낌을 받았을지, 이미 한참 전에 어른이 되어 버린 나로서는 상상하기도 쉽지 않다. 다만 조언을 한다면, 40만 원의 매몰 비용을 빠르게 포기하고 더 새로운 지식을 배우려 노력하는 편이 좋을 것이다. 그러나 실제로는 쉽지 않아 이렇게들 생각한다.

- 지금까지 했던 노력이 무의미해지고 말아.
- 여기에서 패배를 인정하면 체면이 서지 않는다고!
- 우리 회사가 지금까지 이 기술에 얼마나 많은 돈과 시간을 투자했는지 알아? 절대 포기할 수 없어!
- 500만 원에 샀던 주식이 지금 50만 원이 되었는데 이걸 어떻게 팔아? 본전을 찾기 전까지는 죽어도 팔지 않을 거야!
- 여기에서 실패를 인정하면 우리나라의 신용이 떨어질 거야! 죽이 되든 밥이 되든 끝까지 밀어붙이는 수밖에 없어!

이처럼 현실을 받아들이지 못하는 사례는 수없이 많다. 이것을 연애에 비유해서 말하면 '헤어진 상대에게 계속 집착해 봐야 아무 소용 없다'라고 할 수 있다. 세상에는 좋은 사람이 얼마든지 있다. 그중 한 명과 잘되지 않았다고 해서 인생이 끝나지는 않는다. 다음 만남을 위해 다시 시작하는 편이 투자의 관점에서는 올바른 선택이라고 할 수 있을 것이다.

7

포트폴리오

무슨 일이든 균형이 중요하다

경제 용어로서 포트폴리오는 '자신의 재산을 어떤 비율로 보유할 것인가?'라는 의미다. 예를 들면 다음과 같이 표현한다.

A씨의 포트폴리오

- **현금과 예금**　5000만 원
- **주식**　2000만 원
- **채권**　1500만 원
- **부동산**　2억 원
- **차입금**　1억 5000만 원(마이너스 재산)

3장에서 금융 투자 이야기를 할 텐데, 재산을 자신의 운용 방침에 걸맞은 형태로 바꿔 나갈 필요가 있다. 또한 빚을 얼마나 질 것인가도 중요한 정보다.

일상생활에 필요한 자금을 확실히 남겨 놓고 싶다면 현금과 예금을 많이 보유해야 할 것이다. 한편 적극적으로 자산을 불리고 싶다면 주식이나 부동산 같은 투자에 도전할 필요가 있다. 이 경우, 일이 잘 풀리면 자산이 불어나지만 실패하면 재산을 크게 잃을 수도 있다. 다시 말해 '하이 리스크 하이 리턴high risk high return'의 발상이다. 하이 리스크 하이 리턴은 투자 위험이 높은 금융 자산을 보유하면 시장에서 높은 수익을 기대할 수 있는 관계를 이르는 말이다. 투자를 통해 많은 돈을 벌려면 그만큼의 위험을 감수해야 한다는 뜻이기도 하다.

포트폴리오와 함께 '분산 투자'라는 말도 기억해 두자. 투자의 세계에서 유명한 격언 중에 "달걀을 한 바구니에 담지 마라."라는 말이 있다. 달걀을 여러 개 가지고 있는데 그것을 전부 한 바구니에 담아 놓으면 그 바구니가 엎어졌을 때 모든 달걀이 깨져 버린다. 그러므로 달걀을 여러 바구니에 나눠서 담아 두는 편이 낫다는 뜻이다.

이것을 투자에 대입해서 생각해 보자. 자산을 몽땅 주식에 투자했을 때 주식 시장이 폭락하면 모든 재산을 잃어버릴 수 있다. 그러니 주가와는 다른 움직임을 보이는 자산을 포트폴리오에 넣어 전체적인 조화를 꾀하면서 투자를 해야 한다는 말이다.

분산 투자라는 개념은 매우 중요하지만, 주의할 점도 있다. 모든 분야에 골고루 투자를 한다는 것은 분명 맞는 말이다. 그러나 여러분의 수중에 있는 재산은 한정되어 있다. 성과를 내기 위해서는 어느 정도 투자 대상을 좁힐 필요도 있다. 경영에는 '선택과 집중'이라는 말도 있다. 여기저기에 전부 손을 대는 것이 아니라 자기가 가장 잘할 수 있는 것을 파악하고 거기에 모든 재산(돈·시간·능력)을 쏟아부어야 한다는 것이다.

투자뿐만이 아니다. 무슨 일이든 균형이 중요하다. 포트폴리오나 분산 투자라는 말도 그 균형 속에서 이해하는 것이 좋다. 너무 한 곳에 집중시켜도 안 되고, 반대로 너무 넓게 분산시켜도 안 된다. 적당한 지점을 찾는 것이 중요하다.

○ 투자란 앞으로 인생을 풍요롭게 살기 위해 현재 자신이 가지고 있는 것들 (돈, 시간, 능력 등)을 사용하는 것이다.

○ 투자에는 반드시 리스크(불확실성)가 존재한다.

○ 리스크에 대처하기 위한 방법으로 통계가 주목받게 되었다.

○ 실제로 투자를 할 때는 현재 수중에 있는 돈과 미래에 얻게 될 돈을 예상하는 캐시플로 관리가 중요하다.

○ 투자에서는 트레이드오프(취사선택)가 이루어지며, 고르지 않은 선택지는 사라진다. 선택을 할 때는 되도록 다양한 평가 기준을 갖고 종합적으로 판단하려고 노력한다. 고르지 않은 선택지에 연연할 필요는 없다. 깨끗이 잊는 게 좋다.

○ 실패로 끝난 투자에 들어간 돈이나 시간(매몰 비용)은 빠르게 포기하는 편이 좋지만, 실제로는 좀처럼 포기하지 못하는 일이 많다. 최종적으로는 빠르게 태세를 전환한 사람이 성과를 낼 때가 많다.

○ 자신이 생각하는 투자 방침에 따라 포트폴리오(재산의 배분)를 결정한다. '분산 투자'와 '선택과 집중'이라는 개념을 머릿속에 두고 적당한 균형을 꾀하는 것이 중요하다.

투자의 성과는 평상시냐 비상시냐에 따라 뒤바뀌기도 한다

투자를 말할 때면 아무래도 돈과 관련된 이야기가 중심이 될 수밖에 없다. 그러나 투자라는 개념은 결코 돈에만 적용되는 것이 아니다. 이 지면에서는 돈과는 다른 측면의 투자에 관해 소개하려 한다.

반드시 좋은 결과를 내는 투자라는 것이 있을까? 이 책을 제대로 읽었다면 그런 투자는 없다는 걸 알았을 것이다. 모든 투자는 리스크, 다시 말해 불확실성을 안고 있기 때문이다.

· 나는 이것만 공부하면 돼.

· 이 학교(회사)에 들어왔으니 내 인생은 이제 탄탄대로를 달리는 거야.

투자 습관이 몸에 배어 있는 사람이라면 이런 생각이 매우 위험하게 느껴질 것이다. 인간은 그래도 '내가 노력하고 있다는 사실 자체가 중요해!'라고 생각하는 편이다. 그러나 개인의 힘으로 어찌할 수 없는 환경 앞에서는 그때까지 기울였던 노력 따위가 아무런 도움이 되지 않을 때가 있다.

2011년 3월 11일에 동일본 대지진이 일어났을 때 내가 겪었던 일을 소개하겠다.

지진이 일어난 그날은 수도권의 전철 운행도 대혼란을 빚었다. 우리 집 근처에서도 집에 가지 못하는 사람이 거리에 엄청나게 많았다. 나는 사무실이 집 근처에 있어서 전철을 타고 출퇴근하지는 않았다. 당시 굉장히 훌륭한 사무실을 운영하고 있었던 것은 아니지만, 출퇴근으로 길에서 보내는 시간을 줄이고 여유롭게 지내며 가족을 먹여 살릴 수 있을 정도의 수입은 어떻게든 확보하고 있었다.

집으로 돌아갈 수 없게 된 사람들이 근처 학교에 모여 있다는 이야기를 듣고 나는 집에 있던 과일과 과자, 담요, 전기 포트 등을 들고 학교로 갔다. 편의점에서도 물건이 동난 탓에 사람들은 아무것도 구할 수 없어 애먹고 있었다. 나는 먼저 집에서 가져온 것들을 사람들에게 나눠 주고 물을 끓인 다음 "혹시 따뜻한 물이 필요한 분 안 계신가요?"라고 물었다. 그때 어디선가 "네, 부탁합니다."라는 대답이 들렸다. 목소리가 난 쪽으로 가 보니 50대 정도의 나이에 정장을 빼입은 남자가 앉아 있었다. 아직 3월 초라서 날씨가 쌀쌀한 데다가 한동안 먹지도 마시지도 못한 까닭에 남자는 몸이 완전히 얼어붙어 있었다.

남자의 옷차림으로 보아서는 매우 높은 직위에 있는 사람이라고 느껴졌다. 우리 집 근처에는 큰 회사가 여럿 있는데, 아마도 그중 한 회사에 다니는 사람으로 어느 정도 지위가 있는 인물 같았다. 평소에는 수많은 부하 사원을 거느리고, 나 같은 사람은 상상도 할 수 없을 만큼 엄청난 규모의 일을 하고 있었으리라. 그런 사람이 따뜻한 물 한 컵조차 제대로 구하지 못하고 있었던 것이다. 그 순간만큼은 '큰 회사에서 높은 지위에 있는 사람'보다 '집 근처에서 여유롭게 일하고 있는 사람'이 더 도움이 되었다.

투자의 성과는 평상시냐 비상시냐에 따라 뒤바뀌는 경우가 종종 있다. 또한 평상시가 언제까지 이어질지는 아무도 모른다. 그리고 비상시가 되었을 때 도움이 되는 것은 '목적지까지 걸어갈 수 있다', '식량을 스스로 구할 수 있다' 같은 생존 기술일지도 모른다.

여러분도 자신의 노력이 아무런 쓸모가 없어지는 환경을 상상해 보기 바란다. 그런 환경을 상상해 보면 새로운 투자의 필요성을 깨닫게 될지 모른다.

2장

사업에서
이루어지는
투자

사업이란 무엇일까?

마을도, 학교도 누군가의 사업으로 만들어진다

이제 구체적인 투자 이야기로 넘어가 보자. 이 장에서는 회사나 개인 사업자가 하는 투자에 관해 생각해 보려 한다. 여러분의 가족은 회사에 다니든, 개인 사업을 하든 무슨 일을 하고 있을 것이다.

이야기를 시작하기에 앞서, '사업'이라는 말을 짚어 보겠다. 이 책에서는 사업이라는 말을 다음과 같은 뜻으로 사용한다.

건물을 짓거나, 기계를 만들거나, 식사를 제공하거나,
마사지를 제공하는 등의 것.

좀 더 쉽게 말하면 일 또는 장사를 뜻한다. 사실 사업이라는 말에는 조금 더 복잡한 의미가 들어 있지만, 이 정도로만 이해해도

이 책을 읽는 데는 문제가 없다.

　다만 여기서 제외된 것으로 '금융'이 있다. 금융이란 '돈을 사용해서 돈을 늘려 나가는 행위'로, 일반적으로 사업에는 금융에 관한 것도 포함된다. 하지만 이 책에서는 금융을 따로 다뤄 3장에서 자세히 살펴볼 것이다.

신규 개업이란?

좋아하는 일을 하고 싶어서? 아니면 돈을 벌기 위해서?

가장 알기 쉬운 사업의 예로 신규 개업을 생각해 보자. 신규 개업이란 '새로 장사를 시작하는 것'이다. 왜 새로운 장사를 시작할까? 여기에는 다양한 이유가 있을 것이다.

- 나만이 할 수 있는 일을 하고 싶어!
- 사회적으로 의미가 있는 일을 하고 싶어!
- 손님들이 내가 내놓는 맛있는 요리를 먹고 행복해하는 얼굴을 보고 싶어!

이런 맨 처음의 마음가짐을 잊지 않는 것은 어떤 사업을 하든 간에 중요하다. 어른들이 흔히 하는 말로, 초심을 잃지 말아야 한다. 다만 다음과 같은 생각 또한 본심일 터이다.

<u>이 일을 하면 돈을 벌 수 있을 것 같아.</u>

실제로 아무리 거창한 이념을 내걸고 사업을 시작하더라도 돈을 벌지 못한다면 순식간에 망하고 만다. 적어도 일상생활을 유지할 수 있는 수준으로는 돈을 벌 수 있겠다는 전망이 보이지 않는다면 신규 개업은 할 수 없다.

개중에는 아무런 전망도 보이지 않는 상태에서 시작한 사업이 크게 성공하는 일도 있다. 역사에 이름을 남긴 사업은 대부분 그렇게 탄생했다. 사실 이런 일은 매우 드물기 때문에 역사에 이름을 남긴 것이기도 하다. 하지만 실제로는 대부분 '성공할 수 있을 것도 같은데……'라는 전망이 선 시점에 사업을 시작한다. 물론 전망이 보인다고 해서 사업이 반드시 성공한다는 보장은 없다. 앞에서도 이야기했듯이 미래는 미리 알기가 어렵다.

초기 투자, 어떻게 할까?

돈과 시간을 얼마나 들여야 할까?

신규 개업을 할 때 꼭 생각해야 할 문제가 있다. 바로 초기 투자다. 어떤 사업이든 시작을 하려면 현재 가지고 있는 것을 어느 정도 사용해야 한다. 예를 들어 음식점을 연다고 생각해 보자.

- 어떤 음식을 제공할지, 가게 분위기는 어떻게 할지 생각한다(시간).
- 메뉴와 분위기에 맞는 가게를 낼 만한 장소를 찾아서 부동산을 돌아다닌다(시간).
- 임차한 가게를 사용하기 위해 내장 공사를 한다(돈, 시간).
- 가게에서 사용할 여러 가지 비품을 사들인다(돈).
- 혼자서는 운영이 어려울 수 있으므로 사람을 고용한다(돈).
- 자신 또는 자신이 고용한 사람이 가게를 운영할 수 있도록 이런저런 공부를 한다(시간, 능력).

잠깐만 생각해도 이만큼이나 떠오른다. 홍보나 광고도 포함하면 넓은 의미에서의 초기 투자는 그 밖에도 훨씬 많을 것이다.

지금부터는 돈에 초점을 맞춰서 이야기를 해 보겠다. 초기 투자는 업종에 따라 내용이 매우 다르다. 다음의 두 사업을 비교해 보자.

○ 상품(기계의 부품)을 만들어서 파는 사업

사업을 하려면 상품을 만들기 위한 기계가 필요하다. 기계를 아무 데나 놓을 수는 없으므로 공장도 빌려야 한다. 상품을 만들기 위해서는 재료도 필요하다. 그리고 완성된 상품을 보관할 창고가 있어야 한다. 상품을 운반해야 하므로 운송비도 들어간다.

○ 의뢰를 받아서 홈페이지를 만드는 사업

사업을 하기 위해 필요한 것은 컴퓨터 한 대뿐이고, 사업 장소도 집으로 하면 된다. 상품을 만들기 위해 필요한 재료는 없다. 완성된 상품이 공간을 차지하지 않으므로 공장을 빌리지 않아도 된다. 운반할 필요도 없으므로 운송비도 들지 않는다.

어떤가? 이 두 가지 사업을 비교하면 초기 투자의 규모를 한눈에 알 수 있다. 특히 최근에는 IT 기술이 발전하면서 초기 투자가 거의 필요 없는 사업을 시작하는 사람이 늘어났다.

건설업이나 제조업처럼 형체가 있는 것을 만드는 사업은 초기 투자 규모가 크다. 그에 비해 요식업이나 서비스업은 초기 투자 규모가 작은 편이고, IT 관련 사업은 초기 투자가 거의 없을 수도 있다.

물론 IT 관련 사업도 규모가 커지면 성능 좋은 컴퓨터나 보안 시스템을 갖추어야 한다. 그렇게 되면 들어가는 돈이 많아진다. 다만 초기 투자를 놓고 볼 때 다른 사업에 비해 부담 없이 시작할 수 있다는 건 틀림없는 사실이다.

초기 투자의 규모는
사업에 어떤 영향을 미칠까?

작게 시작해서 크게 키운다

초기 투자가 클 경우와 작을 경우는 어떤 차이가 있을까? 음식점을 내는 사례를 들어 생각해 보자.

A라는 장소에 음식점을 내려면 초기 투자비로 5000만 원이 든다. 오가는 사람이 조금 적은 장소지만, 주변에 경쟁이 될 만한 음식점이 적어 손님을 끌어모을 수 있다.

B라는 장소에 음식점을 내려면 초기 투자비로 1억 원이 든다. 역에서 가까운 만큼 임대료가 비싸다. 오가는 사람은 많지만 경쟁이 될 만한 음식점도 많다.

어느 장소에 가게를 내든 요리의 가격은 같다고 가정한다.

○ A에 음식점을 내는 경우
위의 조건만 보면 아무래도 A에 음식점을 내는 편이 사업 전망은 좋아 보인다. 무엇보다 초기 투자비가 B의 절반이므로 꽤 적은 돈으로 사업을 시작할 수 있다. 적은 논으로 사업을 시작할 수 있다는 말은 다음과 같은 뜻이다.

- 신규 개업을 쉽게 할 수 있다. 5000만 원과 1억 원은 초기 투자비를 마련하는 어려움을 생각해 볼 때 어마어마한 차이다.
- 본전을 거두어들이기까지 걸리는 시간이 줄어든다. 1년에 2500만 원의 이익을 낸다면, A는 2년 만에 본전을 거두어들일 수 있지만 B는 4년이 걸린다.
- 때에 따라서는 가격 인하도 생각할 수 있다. 초기 투자가 적으면 음식값을 낮출 수도 있다. 같은 맛의 요리를 좀 더 저렴한 가격에 판매한다면 그만큼 고객을 끌어들이기가 쉬워진다.

○ B에 음식점을 내는 경우

그렇다면 B에 음식점을 내는 건 A에 내는 것보다 불리하기만한 걸까? 실제로는 그렇지 않을 가능성도 있다.

- 경쟁점이 많다는 것은 그만큼 근처에 손님이 될 수 있는 사람들이 모여든다는 뜻이므로 손님을 모으는 수고를 줄일 수 있다.
- 역 앞에 가게가 있다는 것은 초기 투자비 1억 원이 전혀 아깝지 않을 만큼 큰 이점이다.

그렇다면 '입지가 좋고 초기 투자비도 적게 드는 장소'를 찾으면 되지 않을까? 이런 시각도 당연히 있을 것이다. 그러나 이렇게 입맛에 딱 맞는 곳이 있을까?

이때 필요한 발상이 1장에서 확인한 캐시플로와 트레이드오프다. 이를테면 다음과 같이 따져 본다.

- 처음에 필요한 돈은 어느 정도인가?
- 가게를 시작한다면 어느 정도의 매출을 올릴 수 있을 것 같은가?

이에 따라 양쪽을 비교해서 어느 한쪽으로 결정한다. 그리고 고르지 않은 선택지에 쓸데없이 미련을 갖지 말고 신경을 끈다. 여러분 주변에 있는 음식점들도 다 그렇게 해서 가게 문을 열었다.

왜 설비를 남긴 채 문 닫은 가게를 인수해 창업하는 걸까?

적은 부담으로 개업한다

여러분 주위의 상점 가운데에도 외관이나 실내조명은 그대로 인데 유심히 들여다보니 이전과는 다른 가게가 된 곳이 있지 않은가?

음식점을 시작하려면 먼저 인테리어 공사를 해야 하는데, 이 공사는 돈이 굉장히 많이 든다. 작은 가게라도 수천만 원, 조금 큰 곳이라면 1억 원이 넘는 경우도 드물지 않다. 그런데 기존에 사용하던 설비와 비품을 그대로 남겨 놓은 채 문 닫은 가게를 인수해 창업을 하면 초기 인테리어 공사비를 줄일 수 있다. 예전 가게에서 사용하던 물건을 그대로 사용함으로써 초기 투자비를 아낄 수 있는 것이다.

초기 투자비가 저렴하면 다음과 같이 사업을 전개할 때 선택할 수 있는 범위가 넓어진다.

- 적은 자금으로 개업할 수 있다.
- 본전을 거두어들이기까지 걸리는 시간이 짧다.
- 상품의 가격을 낮추는 등으로 물건을 팔기가 쉬워진다.

여기까지만 보면 이런 창업이 장점만 가득한 것처럼 생각되지만, '이전의 가게는 왜 문을 닫게 된 것일까?'라는 점을 곰곰이 생각할 필요가 있다.

음식점은 음식 맛이나 가격이 좋다고 해서 반드시 성공할 수 있는 장사가 아니다. 가게의 입지나 인테리어, 주변 환경 등 수많은 요소가 사업의 성패에 영향을 끼친다. 애초에 음식점을 열기에는 적합하지 않은 장소이거나 인테리어가 손을 쓸 수 없을 정도로 구제불능이라면 손님을 끌기가 어렵다. 아무리 초기 투자비를 줄일 수 있더라도 손님이 오지 않는다면 가게를 계속 끌고 갈 수 없다. 이처럼 이전 가게의 설비나 비품을 인수해서 하는 창업에는 나름대로 주의해야 할 점이 있다.

우리 집 근처에는 외장과 인테리어는 그대로인 채 가게가 네 번 바뀐 곳이 있다. 어느 날 갑자기 간판이 바뀌어서 '또 바뀐 거야?'라고 생각한 적이 여러 번 있었다. 그러다 몇 년 전 그곳에 들어와 지금까지도 장사를 하고 있는 음식점은 맛도 좋은데 가격까지 저렴해서 인기가 꽤 많다. 가게가 같은 외장과 인테리어로 네 번이나 거래된 곳이다 보니 굉장히 저렴한 비용으로 인테리어 공사를 마칠 수 있었을 것이다.

물론 그것만이 성공 요인은 아니겠지만, 이전 가게의 설비와 비품을 그대로 쓰면서 초기 투자비를 아껴 맛 좋은 요리를 부담 없는 가격에 내놓은 것도 그 가게가 인기 음식점이 된 이유 중 하나가 아닐까 싶다.

그 뒤로 그 가게는 내부 공사를 했다. 장사가 잘되자 돈을 들여서 내부를 새롭게 단장한 것이다. '일단 적은 돈을 들여서 사업을 시작하고, 사업이 잘되면 추가로 투자를 하는 것'도 훌륭한 투자 판단이다.

어떤 사업이든 처음에는 힘들다

로마는 하루아침에 이루어지지 않는다

누구나 새로운 사업을 시작하는 데 드는 초기 투자비를 줄이고 싶어 한다. 이것은 참으로 절실한 과제인데, 여기에는 명확한 이유가 있다.

<u>어떤 사업이든 정상 궤도에 오르기까지는 시간이 걸린다.</u>

어떤 업종이든지, 사업이라는 것은 어느 정도 성과를 내기까지 시간이 필요하다.

여러분은 집이나 학교 근처에 새로운 음식점이 생겼을 때 어떤 반응을 보이는가? "누구보다 빨리 가 보고 싶어!"라고 흥분하는 사람도 있을 것이다. 그러나 "가 본 애들 평가가 어떤지 기다려 보지 뭐."라고 생각하는 사람도 많지 않을까?

"한 번 가 봤는데 괜찮기는 하더라. 하지만 그 뒤로는 짬이 없어서 좀처럼 안 가게 되네."

"맛이 어떨지 궁금하기는 한데, 아직 못 가 봤어."

이런 평가를 듣는 가게도 있지 않을까? 손님의 처지에서는 아무런 상관이 없지만, 실제로 음식점을 운영하는 쪽에서는 안타까운 일이다.

'괜찮았으면 또 와 달라고!'

'제발 부탁이니까, 맛이 궁금하다면 와서 확인해 줘!'

음식점을 운영하는 사람이라면 누구라도 이런 생각을 하게 마련이다. 게다가 최근에는 음식점에 대한 다양한 평가가 인터넷상에 올라온다. 좋은 평가가 많다면 다행이지만, 개중에는 악평도 있을 것이다. 아무튼 이런저런 평가가 조금씩 쌓인 끝에 비로소 안정적으로 매출을 올릴 수 있게 된다.

초기 투자비가 적게 들어가면 생활비를 어느 정도 남겨 놓은 상태로 사업을 시작할 수 있다. 그러면 사업이 정상 궤도에 오를 때까지 시간이 조금 걸리더라도 버틸 수 있다. 만약 재산을 전부 초기 투자비로 써 버렸다면 그렇게 오래 기다리기는 힘들 것이다.

다시 말해, 초기 투자비를 적게 들여 신규 개업을 하면 그만큼 '살아남을 가능성'이 높아진다. 물론 이것은 규모가 큰 기업도 마찬가지다. 초기 투자비가 클 경우, 빠르게 성과를 내지 못하면 회사의 토대가 흔들리는 사태를 불러올 수도 있다.

유지 비용,
시작은 반이지 전부가 아니다

씨앗을 뿌렸다면 물을 줘야 한다

지금까지 신규 개업에 필요한 초기 투자에 관해 생각해 봤다. 물론 초기 투자가 전부는 아니다. 시작한 사업을 지속해 나가려 면 유지 비용이 들어간다.

앞에서 예로 든 음식점의 경우라면 다음과 같은 비용이 들 것 이다.

- 일상적인 재료 매입
- 직원 급여
- 점포 임대료
- 수도·전기료
- 정기적인 광고
- 여러 가지 세금

그 밖에도 여러 가지 비용이 지출된다. 사업을 시작하고 계속해 나간다는 것은 다음과 같은 의미다.

- 사업을 시작하기 위해 들어간 초기 투자비와
- 사업을 계속해 나가기 위한 유지 비용을
- 계속 부담할 수 있을 만큼 매출을 올리는 가운데
- 자신의 생활비도 확실히 벌어들여야 한다.

왠지 굉장히 어려워 보이지 않는가? 아니, 실제로도 굉장히 어려운 일이다. 여러분 주위에도 '여긴 참 오랫동안 장사를 하고 있네'라고 여기는 가게가 한두 곳쯤은 있을 것이다. 사실 그런 가게는 이런 어려움을 극복한 대단한 가게인 것이다!

유지 비용 재검토를
게을리하지 않는다

낭비를 없애서 사업을 키운다

사업을 지속하는 데 드는 유지 비용은 정기적으로 재검토할 필요가 있다. 이번에도 음식점의 경우를 생각해 보자.

- **일상적인 재료 매입** - 품질이 떨어지지 않는 제품을 좀 더 저렴한 가격에 판매하는 거래처를 부지런히 찾아낸다.
- **직원 급여** - 직원이 비효율적인 작업을 하고 있지 않은지 살펴보고, 그런 작업을 줄임으로써 불필요한 야근비 등을 없앤다.
- **점포 임대료** - 임대인을 상대로 임대료의 인하를 의논하고 절충한다.
- **수도·전기료** - 계약 전력을 재검토한다.
- **정기적인 광고** - 광고 효과를 검토해서 효율이 떨어지는 광고를 없앤다.
- **여러 가지 세금** - 좋은 절세 방법이 있는지 정보를 수집한다.

유지 비용을 절약할 수 있으면 그만큼 캐시플로가 개선된다. 그러면 다음과 같은 일이 가능해진다.

- 수중에 더 많은 돈을 남길 수 있게 되므로 생활이 편해진다.
- 같은 품질의 상품을 좀 더 저렴한 가격에 제공함으로써 고객을 만족시킬 수 있다.

작은 가게든 유명한 대기업이든 유지 비용을 재검토하는 일을 게을리해서는 안 된다.

사업에서는
투자가 계속 이루어져야 한다

변하지 않으면 살아남지 못한다

지금까지 새로운 사업을 시작하는 경우에 관해 이야기했는데, 이번에는 그동안 해 왔던 사업에 대한 투자를 다루어 보자.

여러분은 '같은 사업을 계속할 수 있는 기간'을 어느 정도라고 생각하는가? 바꾸어 말하면, "언제까지 이 장사로 밥벌이를 할 수 있을까?"라는 질문이다.

책방을 생각해 보자. 내가 어렸을 때는 책을 사려면 동네 책방이나 큰 서점에 가는 수밖에 없었다. 그런데 인터넷 서점이 생기면서 상황이 크게 달라졌다. 굳이 책을 사러 밖에 나가지 않아도 집에서 책을 받아 볼 수 있다. 그 결과 수많은 책방이 문을 닫게 되었다. 그리고 지금은 종이책의 존재 자체도 의문시되기에 이르렀다. 만화 잡지가 아니라 전용 애플리케이션을 통해서 만화를 보고, 종이 신문이나 잡지가 아니라 뉴스 애플리케이션을 통해서 정보를 접하는 시대가 되었다.

이것은 책방에만 해당되는 이야기가 아니다. '지금까지 해 왔던 것과 똑같은 방식으로 사업을 계속하면 되는 상황'은 그다지 오래가지 않는다. 그리고 기술의 발전은 이러한 상황을 더욱 부채질하고 있다. 사업을 하는 사람은 이 상황을 헤쳐 나가기 위해 끊임없이 새로운 방법을 궁리하고 투자해 나가야 한다. 현재의 사업으로 밥벌이를 할 수 있는 동안에 새로운 방법을 궁리하고, 그 방법을 실천하기 위해 필요한 준비를 해 나가는 것이다.

여러분도 '구조 조정'이라는 말을 들어 본 적이 있을 것이다. 영어로는 '리스트럭처링restructuring'이라고 한다. 구조 조정이라고 하면 사원을 해고한다는 의미가 강한데, 본래는 회사가 벌이고 있는 사업이 기운을 되찾을 수 있도록 손을 쓴다는 뜻이다.

모든 사업에는 유통 기한이 있다. 사업을 하는 사람은 언젠가 찾아올 그 기한에 대응하기 위해 끊임없이 구조 조정, 다시 말해 자신의 사업에 계속 투자를 해야 한다.

왜 구조 조정을 할까?

수입이 증가하는가? 지출이 감소하는가?

구조 조정은 사업을 계속하기 위해 꼭 해야 하는 중요한 작업이다. 돈의 관점에서 생각하면, 구조 조정은 다음 중 어느 한 가지를 목적으로 삼아 이루어진다.

○ **수입의 증가**

투자를 하면 수입이 증가하는 경우다.

• **단가 인상**: 새로운 기계를 사들이면 지금까지보다 더 비싼 가격에 팔 수 있는 상품을 만들 수 있다. 그 결과 증가할 것으로 예상되는 매출액이 기계 구입 비용보다 많다면 투자를 하는 의미가 있다.

• **판매량 증가**: 상품을 판매할 사람(영업 담당자)의 수를 늘려서 상품 판매처를 늘리면 판매를 확대할 수 있다. 지급해야 하는 급

여가 증가하기는 하지만, 늘어난 영업 담당자들 덕분에 그 이상으로 판매량이 증가한다면 투자 효과를 기대할 수 있다.

○ 지출의 감소

투자를 하면 지출이 감소하는 경우다.

• **원가 절감**: 새로운 기계를 사들이면 지금까지보다 더 저렴한 비용으로 상품을 만들 수 있다. 재료를 절약할 수 있거나 상품을 만드는 데 들어가는 일손을 줄일 수 있는 경우다. 기계를 사들이는 데 들어가는 비용보다 더 많은 돈을 절약할 수 있다면 새로운 기계에 투자한다.

• **고용 증가**: 지금까지 다른 회사에 맡겼던 업무를 새로 사람을 고용해서 자사에서 직접 하기로 한다. 사람을 고용하면 지급해야 하는 급여가 증가하지만, 그만큼 자사가 할 수 있는 업무가 많아져 다른 회사에 지급해야 하는 경비가 줄어든다. 급여가 증가하는 액수와 경비가 감소하는 액수를 비교한 결과 경비가 감소하는 액수가 더 많다면, 새로 사람을 고용하는 편이 지출을 줄일 수 있다는 결론이 나온다.

여기에서 소개한 투자는 극단적으로 단순화한 예다. 실제로 투자를 판단하는 과정은 좀 더 복잡하지만, 결국 판단의 토대는 수입과 지출, 즉 캐시플로를 개선하는 것이다.

투자 판단의 기준은 무엇일까?

고집하는 것은 좋은 선택일까?

앞에서는 캐시플로를 투자 판단의 기준으로 삼았다. 그러나 사업에서 투자를 판단하는 기준은 캐시플로만이 아니다. 특히 기존 사업의 경우, 지금까지 자신들이 해 온 사업과의 관계성이 매우 중요하다.

이번에도 예를 들어서 생각해 보자.

우리 회사는 지금까지 '국내의 내로라하는 장인이 100퍼센트 수작업으로 만든 셔츠'를 판매해 왔다. 그 결과 고객으로부터 신뢰를 얻었으며, 값은 비싸지만 셔츠를 꾸준히 사는 단골들을 확보하고 있다.

회사는 다음의 두 가지 투자안을 검토하게 되었다. 원래 '현상유지'도 한 가지 안이어야 하지만, 여기에서는 빼기로 하자.

A) 생산량을 늘리기 위해 사람을 좀 더 고용한다.

B) 수작업으로 만든 비싼 셔츠만 팔아서는 미래가 밝지 않다. 제조 과정에서 일부 기계를 사용해서라도 좀 더 저렴한 셔츠를 만든다.

여러분이라면 어느 쪽을 선택하겠는가?

지금까지의 사업을 통해서 키워 온 '강점'을 활용한다는 의미에서는 A안이 맞을 것이다. 고객은 '장인이 수작업으로 만든다'는 점에 가치를 둔다. 따라서 기계를 써서 상품 가격을 낮춘다는 B안은 회사가 키워 온 사업의 강점을 부정하게 된다.

이와 같이 기존 사업에서 투자를 생각할 때는 단순히 캐시플로만을 보는 것이 아니라 자신들이 해 온 사업과 앞으로 하려고 하는 투자의 성질이 서로 잘 맞는지 검토해야 한다. 그런 의미에서도 자신들이 벌여 온 사업의 강점을 파악하는 것은 매우 중요한 일이다. 고객이 자신들의 사업에서 무엇을 높게 평가하고 있는지 분명히 알아야 한다. 강점으로부터 벗어난 투자를 하면 지금까지 상품이나 서비스를 사 줬던 고객이 떠나게 된다.

그런데 이 이야기는 여기에서 끝이 아니다. 때에 따라서는 지금까지 키워 왔던 사업의 강점을 버리는 용기가 필요할 수도 있기 때문이다. 다시 앞의 예로 돌아가 보자. 내가 여러분 또래였을 때, 옷이라는 것은 다른 것에 비해 값이 조금 비싼 물건이었다. 그런데 20여 년이 지난 지금은 놀랄 만큼 싼 가격에 살 수 있는 옷이 크게 늘어났다. 상황이 이렇다 보니 '장인이 수작업으로 만든 옷이니 비싼 건 어쩔 수 없다.'라는 가치관이 언제까지나 통용되리라는 보장이 없다는 말이다. A안은 전통을 지킨다는 의미에서는 훌륭하지만, 어쩌면 B안이 좀 더 사업에 필요한 투자안일지도 모른다.

그렇다면 이런 안은 어떨까?

- 좀 더 저렴한 가격의 셔츠를 만들 수 있도록 기계 장치를 도입한다.
- 그러면서도 브랜드의 가치를 지킬 수 있도록 장인이 품질을 검수하는 제도를 둔다.
- 회사의 저렴한 셔츠를 사 입어 본 고객을 맞춤 제작형의 비싼 수제 셔츠로 끌어들일 수 있도록 시스템을 만든다.

수작업을 고집하던 회사가 기계 장치를 도입하려면 저항이 클수밖에 없다. 회사 내부는 물론이고 회사 밖에서도 저항이 있을수 있다. 그것을 어떻게 극복할지 결단을 내려야 한다.

회사의 강점은 회사의 움직임을 속박하는 제한이나 구속이 되기도 한다. 옛 방식에만 얽매이면 새로운 것은 탄생하지 못한다. 사업에서 투자를 할 때는 이에 대한 균형 감각을 갖추는 것이 필요하다.

중요한 점은 돈이나 시간에 여유가 있을 때 다음의 한 수를 두는 것이다. 실제로 고객의 발길이 끊어진 뒤에는 허둥지둥 구조 조정에 나서들 소용이 없다. 최근에 일본을 대표하는 한 자동차 기업이 "우리 회사의 목표는 제조업에서 탈피하는 것이다."라고 딱 잘라 말했다. 과거 수십 년에 걸쳐 좋은 실적을 올렸고 현재도 높은 평가를 받고 있는 기업이 그 지위를 버리겠다고 선언한 것 이다.

　오늘날의 사업은 그만큼 빠르게 변화하고 있다. 살아남기 위 해서는 계속 변화해야 한다. 개인이든 대기업이든 끊임없이 구조 조정을 해야 한다.

투자를 위한 돈은
어떻게 마련해야 할까?

돈은 하늘에서 떨어지지 않는다

지금까지 신규 사업과 기존 사업에 대한 투자를 다루어 보았다. 실제로 투자를 하려면 여러 가지 문제점이 떠오르게 된다. 자금원도 그중 하나다. 새로 장사를 시작하고, 사람을 고용하고, 기계를 구입하려면 돈이 필요하다. 그 돈을 어딘가에서 마련해야 한다.

돈을 마련하는 방법은 크게 다음과 같다.

○ 자신의 힘으로 돈을 마련한다.
○ 누군가에게서 돈을 구한다.
· 출자를 받는다.
· 융자를 받는다.

출자나 융자라는 말을 들어 본 적이 있을 것이다. 그러나 무슨 뜻인지 정확히 알거나, 어떤 점이 다른지 설명할 수 있는 사람은 많지 않을 것이다.

투자할 돈을 마련하는 방법에 관해 하나씩 살펴보자.

내 힘으로 돈을 마련한다

매일 꾸준히 돈을 모아 나가자

자금을 마련하는 가장 간단한 방법은 스스로 모으는 것이다.

일해서 돈을 모으고, 모인 돈으로 장사를 시작한다. 매일의 매출에서 조금씩 돈을 모으고, 어느 정도 돈이 모이면 새로운 기계를 구입한다. 아마 여러분도 무엇인가 갖고 싶은 물건을 사기 위해 저금을 한 적이 있을 텐데, 투자의 경우도 같은 방법을 사용할 수 있다.

이 방법의 특징을 살펴보자.

○ 정신적으로는 편하다

자신의 힘으로 돈을 마련하므로 마음이 매우 편하다. 사실 이 점이 아주 중요하다. 잠시 상상해 보기 바란다.

"1000만 원을 맡길 테니 이걸로 장사를 해서 돈을 불려 줘!"

누군가가 이렇게 말하면서 여러분에게 1000만 원을 건넨다면 어떤 생각이 들 것 같은가? 상대의 기대를 충족시킬 수 있을지, 좋은 결과를 낼 수 있을지 불안해서 밤에 잠이 오지 않을지도 모른다. 아무리 대기업 사장이라고 해도 마찬가지일 것이다. 사람은 누구나 마음 편하게 사업을 하고 싶지 않을까?

○ 천천히 결과를 내도 된다

숙제가 싫은 이유는 제출해야 하는 기한이 정해져 있기 때문이다. 한편 자율적인 공부는 강제하는 사람이 없으므로 자신의 속도에 맞춰 해 나가면 된다.

자신의 힘으로 돈을 마련해서 투자하는 것은 자율적인 공부에 가깝다. 빨리 결과를 내라고 누군가가 다그치지도 않는다. 그러니 비교적 여유롭게 사업에 몰두할 수 있다.

○ 실패하면 돌이킬 수 없을지도 모른다

자기 돈을 쓴다는 것은 그만큼 수중에 있는 돈이 줄어든다는 의미다. 스스로 돈을 마련해 새로운 기계를 샀다. 기계를 사느라 가진 돈을 거의 써 버렸다. 그런데 안타깝게도 그 기계로 만든 상품이 거의 팔리지 않는다. 이러면 돌이킬 수 없는 상황이 되어 버린다. 자칫하면 끼니조차 걱정해야 할 수 있다.

○ 회사 규모를 키우기는 어렵다

이 방법은 돈을 모으기까지 시간이 많이 걸린다. 아무리 멋진 아이디어가 있어도 돈이 없으면 실행에 옮기지 못한다. 다시 말해 회사를 크게 성장시키기가 어려울 것이다.

출자를 받는다

크게 성장하기 위한 가장 확실한 방법이지만 부담도 크다

다음으로 누군가에게서 돈을 구하는 방법을 생각해 보자. 먼저 출자를 받는 방법이 있다. 이것을 달리 표현하면 다음과 같다.

<u>사업에 쓸 돈을 다른 사람에게서 받는다.</u>

여러분도 '주식회사'라는 말을 많이 들어 봤을 텐데, 여기에서 말하는 주식이 바로 출자다.

이번에도 구체적인 예를 들어 보겠다. 내가 어떤 장사를 하고 싶은데, 수중에 돈이 없다. 그래서 친구 A에게 "장사에 쓸 돈이 필요한데, 돈을 대 줄 수 없겠니?"라고 부탁했다. 그랬더니 A가 실제로 돈을 대 줘서 그 돈으로 '주식회사 굿아이디어'를 설립했다.

이때 A와 나는 각각 이렇게 불리게 된다.

A = 주주(출자자), 즉 사업에 쓸 돈을 대 준 사람

나 = 경영자, 즉 받은 돈을 사용해서 사업을 하는 사람

A는 왜 내게 돈을 대 줬을까? 그 이유는 내가 시작한 사업이 성공하면 A에게도 이익이 생기기 때문이다. A가 얻는 이익에 관해서는 3장에서 자세히 다루도록 하겠다.

출자를 받는 것은 다음과 같은 특징을 가진다.

○ 돈을 모으기까지 걸리는 시간이 짧다

돈을 대 줄 사람만 찾으면 곧바로 사업을 벌일 수 있다. 시간이 걸리지 않는다는 것은 사업을 펼쳐 나갈 때 정말 중요한 문제다. 사업 환경은 시시각각 변하기 때문에 곧바로 행동으로 옮길 수 있다는 것은 커다란 강점이다.

○ 돈을 갚지 않아도 된다

A에게 받은 돈을 A에게 돌려줄 필요가 없다. '다른 사람에게서 받은 돈인데 돌려주지 않아도 된다고?'라며 의아해하고 있는가? 사실 출자자인 A는 단순히 자기 돈을 내준 것이 아니다. A가 출자를 했다는 것은 곧 'A가 주식회사 굿아이디어의 주식을 샀다'는 말이다. 일단 A에게 주식을 판 이상 그 판매 대금을 돌려줄 의무는 없다. 이것이 출자를 받는, 다시 말해 주식을 파는 방법의

가장 큰 이점이다.

○ 그 대신 참견을 많이 받는다

A에게 돈을 받았는데 돌려줄 필요가 없다는 것만 보면 출자를 받는 것은 장점만 있고 단점은 없는 듯하다. 그러나 이 방법이라고 해서 무조건 좋기만 한 것은 아니다.

A는 주주다. 법률상 주식회사 굿아이디어의 소유권은 주주에게 있다. 그러므로 회사는 사업을 하고 있는 내가 아니라 A의 것이라는 말이다. 무슨 말인지 찬찬히 살펴보기로 하자.

주식회사의 원칙은 '출자와 경영의 분리'다. 이것은 돈을 낸 사람과 실제로 그 돈을 움직이는 사람이 별개라는 뜻이다. 이때 사업을 하는 나는 주주인 A의 기대나 요구에 최선을 다해 대처해야 한다.

매년 주로 3월에서 6월 사이에 주주 총회가 열린다. 주식회사 굿아이디어는 주주가 A 한 명뿐이지만, 대기업은 주주가 수백 명에서 수천 명에 이른다. 주주들이 저마다 한마디씩 말하면 의견이 정리되지 않는다. 그래서 1년에 한 번 주주들이 모두 모여 다양한 의견을 말하고, 경영자가 "지금 이런 식으로 열심히 노력하고 있습니다. 그러니 앞으로도 잘 부탁드립니다!"라고 보고하는 회의가 열리는데, 이것을 '주주 총회'라고 부른다.

기업과 경영자는 주주 총회에 매우 민감하다. 만약 여기에서 주주들을 만족시키지 못하면, "이런 실적으로 회사를 이끌어 갈 수 있겠소? 좀 더 노력하시오!", "당신 같은 무능한 경영자는 필요 없소! 그만두시오!" 같은 불만을 듣게 된다. 그리고 실제로 주주 총회에서는 주주가 다수결로 경영자를 해고할 수도 있다.

주주에게 돈을 돌려줄 의무는 없지만, 돈을 대 준 사람에게 최대한 존중하는 모습을 보여야 하는 것이다.

○ 작은 회사에서는 마찰의 근원이 되기도 한다

작은 회사는 대부분 주주와 경영자가 같은 사람이다. 앞에서 출자와 경영은 별개라고 말했는데, 실제로는 이 두 가지를 같은 사람이 맡는 경우가 많다.

이를테면 내가 돈을 출자해서(주식을 사서) 주식회사 굿아이디어를 설립하고 내가 경영을 맡는 식이다. 이렇게 하는 이유는, 사업을 발전시키려면 주식회사를 만드는 편이 유리할 때가 많기 때문이다. 그리고 돈을 대는 사람과 그 돈을 움직이는 사람이 같으면 누군가에게 참견을 들을 일도 없다. 이것은 앞에서 소개한 '자신의 힘으로 돈을 마련하는 방법'과 같다. 물론 실패했을 때의 위험성도 자신의 힘으로 돈을 마련하는 경우와 완전히 똑같다.

한편으로 A에게서 출자를 받았을 경우를 생각해 보자.

주식회사 굿아이디어의 사업은 순조롭게 발전했다. 그런데 나는 A와 의견 차이로 크게 싸우고 말았다. 여러분도 사이좋은 친구와 싸움을 한 적이 한두 번은 있을 것이다. 그러면 다음에 만날 때 어떤 표정을 지어야 할지, 무슨 말을 해야 할지 고민되기 마련이다.

작은 주식회사의 주주와 경영자의 관계도 이와 비슷한 면이 있다. 돈을 대 준 사람인 주주와 실제로 운영을 하는 경영자의 사이가 개인적인 사정 등으로 나빠지는 일이 더러 있으며, 이것이 커다란 마찰로 발전하는 일도 흔하다.

이처럼 작은 주식회사에서는 '출자와 경영이 별개'라는 것이 마찰의 근원이 될 수 있다.

○ 빨리 결과를 내야 한다는 압박을 받는다

다른 사람에게서 출자를 받을 때 "3년 안에 이 사업으로 수익을 내겠습니다!"라는 식으로 약속을 하는 일이 있다. 남에게 돈을 내 달라고 부탁하는 것이므로 기한을 명확하게 말해야 설득력이 있는 것은 분명하다. 그러나 모든 일이라는 게 계획대로 진행되지는 않는다.

그리고 주주 쪽도 상황이 바뀐다. '출자할 때는 3년을 기다리겠다고 말했지만, 좀 더 일찍 결과를 내 줬으면 좋겠는데……' 같은 심경의 변화가 종종 일어난다.

경영자는 출자를 받으면 사업 상황이나 주주의 현재 상황 등 여러 가지 요인 때문에 우왕좌왕하고, 그러는 가운데 항상 기한을 의식하며 일하게 된다. 그러니까 자신의 힘으로 돈을 마련했을 때보다 훨씬 조급해진다.

융자를 받는다

빌렸으면 갚는다. 갚기만 하면 오케이!

누군가에게서 돈을 구하는 방법은 또 있다. 바로 융자를 받는 것이다. 달리 말하면 이렇게 표현할 수도 있다.

<u>사업에 쓸 돈을 빌린다.</u>

이번에도 사례를 통해 생각해 보자. 앞에서 설립한 주식회사 굿아이디어는 순조롭게 사업을 발전시켜 왔다. 그리고 더 큰 성장을 위해 새로운 기계를 사들이기로 했다. 다만 그 기계를 지금 자신이 가진 돈으로 사면 수중에 있는 돈이 크게 줄어들어 버린다. 그래서 기계 구입 자금을 은행에서 빌리기로 했다. 빌린 돈으로 새로운 기계를 사서 사업의 발전을 꾀하기로 한 것이다.

융자를 받는 것은 다음과 같은 특징을 가진다.

○ 돈을 금방 마련할 수 있다

출자를 받을 때와 마찬가지로 돈을 빌려줄 사람만 찾아내면 빠르게 사업을 전개할 수 있다.

○ 빌린 돈은 갚아야 한다

출자를 받을 때와는 달리, 이 돈은 빌린 것이다. 빌린 것은 갚아야 한다. 그리고 일반적으로는 그냥 빌린 돈만 갚는 것이 아니라 이자를 붙여서 갚게 된다. 이자는 보통 연이율로 계산되는데, '1년에 ○퍼센트의 이율'이라고 표기한다.

○ 일정한 시간 안에 반드시 결과를 내야 한다

출자와 마찬가지로 투자의 결과를 내기까지 시간제한이 있다. 그리고 생각하기에 따라서는 출자보다 융자를 받았을 때가 시간제한이 더 엄격하다.

융자에는 상환 기한, 곧 빌린 돈을 갚아야 하는 기한이 정해져 있다. 상환 기한까지 돈을 마련하지 못하면 '빌린 돈을 갚지 않는 회사'라는 꼬리표가 붙어서 순식간에 신용을 잃고 만다. 회사는 신용을 잃음으로써 재정이 파탄 나서 망하는, 이른바 '파산'이라는 상황에 몰릴 수도 있다.

투자 성과(수입의 증가 또는 지출의 감소) > 투자에 필요한 돈 + 지급 이자이 수식을 충족시키지 못하면 가진 돈이 감소한다. 일시적인 감소는 그래도 견뎌 낼 수 있지만, 몇 년이 지났는데도 성과가 나지 않는다면 그 사이에 가진 돈은 바닥을 드러내게 된다. 그러므로 융자를 받아 투자할 경우 결과를 내기까지의 기한을 매우 신중하게 설정해야 한다.

1980년대에 일본에서는 '버블 경기'라고 부르는 현상이 일어났다. 버블bubble은 영어로 거품을 뜻한다. 거품은 액체가 기체를 머금고 부풀어서 생긴, 속이 빈 방울이다. 이처럼 속은 비었는데 겉으로는 크게 부풀어 오르는 거품의 특성을 경제 현상에 빗대어 표현한 말이다. 당시 일본의 경기가 좋아지자 신이 나서 돈을 빌려 여기저기에 투자하는 사람이 크게 늘어났다. 경기가 좋을 때는 문제가 없었지만, 정신을 차려 보니 어느덧 엄청난 기세로 경기가 나빠지고 있었다. 상황이 이렇게 되자 남은 것은 성과를 낼 전망이 보이지 않는 투자 안건과 막대한 빚이었다. 그 결과 수많은 회사가 문을 닫았고, 은행은 그들에게 빌려줬던 돈을 돌려받을 수 없게 되었다.

○ 돈만 제대로 갚으면 간섭받을 일은 거의 없다

융자받은 돈은 물론 신중하게 써야 한다. 하지만 이를 효과적으로 사용하면 때 맞춰 적절한 투자를 할 수 있고, 제때 갚기만 하면 은행으로부터 딱히 간섭을 받지도 않는다.

출자를 받으면 회사의 소유권을 주주에게 넘기게 되지만, 융자를 받는 것은 어디까지나 돈을 빌리는 것일 뿐이다. 빌린 돈만 제대로 갚는다면 회사의 경영 방침 등에 간섭을 받을 일은 없다. 그렇다고는 해도 빌린 금액이 너무 많을 때는 역시 은행의 간섭을 받을 수도 있다. 거대한 기업이 망할 것 같은 상황이 되면 '채권자 집회'가 열린다. 채권자 집회는 파산 채권자의 의사와 공동의 이익을 파산 절차를 밟을 때 반영하기 위해 파산 채권자들이 모여 조직한 기관으로, 쉽게 말해 그 회사에 돈을 빌려준 사람들의 모임이다.

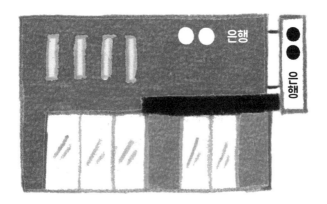

자금을 마련하는 방법에 따른 각각의 특징을 정리하면 아래와 같다.

	자기 자금	출자	융자
속도	스스로 돈을 모아야 하므로 느리다.	돈을 대 줄 상대를 찾아내는 데 성공한다면 빠르다.	은행 등에서 빌릴 경우 매우 빠르다.
결과를 내기까지의 기한	생활비가 쪼들리지 않는다면 서두를 필요가 없다.	상대에게 약속한 상환 기한을 지키지 못하면 관계가 악화되기도 한다.	상환 기한에 맞출 수 있을 정도로는 서둘러야 한다.
회사의 소유자	자신이다.	돈을 대 준 출자자다. 출자자의 의견은 강력한 힘을 지닌다.	자신이다. 빌린 돈을 제대로 갚기만 한다면 딱히 간섭받지 않는다.
정신적 부담	실패하면 큰일이지만, 자기 돈이므로 설령 다 날리더라도 다른 책임은 없다.	남이 대 준 돈으로 사업을 한다는 사실에 압박감을 느끼기도 한다.	돈을 갚을 수 있는 동안에는 문제가 없지만, 압박감을 피할 수는 없다.
돈의 상환	필요 없다.	필요 없다.	필요하다.

○ 사업이란 일 또는 장사를 하는 것이다.

○ 사업을 시작할 때는 초기 투자가 필요하다. 초기 투자비가 많을수록 그만큼 빨리, 많이 회수할 수 있어야 한다. 음식점 등을 시작할 때 이전 가게의 설비와 비품을 그대로 넘겨받는 이유는 초기 투자비를 줄이기 위해서이다.

○ 사업을 시작해 매출을 순조롭게 올리기까지는 어느 정도 시간이 걸린다. 또한 사업을 유지하기 위한 비용도 초기 투자비의 회수와 함께 생각해야 한다.

○ 세상의 변화가 빠르기 때문에 같은 사업을 계속할 수 있는 기간은 결코 길지 않다. 따라서 이미 하고 있는 사업에도 새로운 투자가 필요하다.

○ 구조 조정은 사업을 계속하기 위해 꼭 해야 하는 중요한 작업이다. 기존 사업에 투자를 할 때는 '수입의 증가'나 '지출의 감소'로 캐시플로를 개선해야 한다.

○ 자신이 하고 있는 사업의 강점과 투자의 방향이 일치해야 한다. 다만 때로는 의도적으로 이미 가지고 있는 강점을 버리는 투자도 필요하다.

○ 투자할 때 필요한 자금을 마련하는 방법으로는 '자신의 힘으로 마련하는 방법'과 '다른 사람에게서 구하는 방법'이 있다. 또한 다른 사람에게서 구하는 방법에는 '출자받는 것'과 '융자받는 것'이 있다

○ 자신의 힘으로 돈을 마련하면 좀 더 느긋하게 사업을 할 수 있다. 다만 실패하면 끼니를 걱정할 만큼 돌이킬 수 없는 상황이 될지도 모르고, 회사의 규모를 키우기도 어렵다.

○ 출자를 받는(주식을 파는) 방법으로 돈을 마련하면 받은 돈을 갚을 필요가 없다. 그리고 사업을 빠르게 전개할 수 있다. 다만 주식을 산 주주들로부터 경영에 이런저런 간섭을 받게 된다. 또한 결과를 빨리 내지 못하면 해고당할 수도 있다.

○ 융자를 받는(돈을 빌리는) 방법의 경우에도 역시 사업을 빠르게 전개할 수 있다. 빌린 돈만 제대로 갚으면 간섭을 받을 일도 없다. 다만 빠른 시일 안에 결과를 낼 필요가 있다. 투자에 실패했을 때 빚의 상환이라는 무거운 부담이 남는다.

전문성과 종합성

취미로 익힌 기술이 생각지도 못하게 도움이 될 때가 있다. 당장 끼니를 해결할 돈이 없어서 굶주리던 사람이 지푸라기라도 잡는 심정으로 노래를 불러 봤는데 뜻밖에도 사람들에게 감동을 주어 식사를 대접받거나 돈을 번 일이 인류 역사 속에서도 수없이 일어났다.

여러분도 스페셜리스트(specialist), 즉 '전문가'라는 말을 알고 있을 것이다. 한 가지 분야에 뛰어난 지식이나 기술을 지닌 사람을 뜻한다. 어떤 직업을 가진 사람은 많든 적든 그 직업에 관한 전문적인 지식이나 기술을 갖추고 있다.

한편 제너럴리스트(generalist)는 모든 분야에 상당한 지식과 경험을 가진 사람, 이른바 '박학다식한 사람'을 가리키는 말이다. 이들은 다양한 분야에 걸쳐 폭넓은 지식이나 기술을 갖고 있으면서, 각각을 서로 연결시킬 줄 아는 사람이다.

"앞으로는 스페셜리스트의 시대다!"라는 말이 여기저기에서 나오고 있다. 분명히 훌륭한 기술이나 지식을 한 가지 갖고 있고, 그것에 집중하는 삶은 어딘가 멋져 보이는 것이 사실이다. 그러나 지금까지 거듭 말했듯이, 투자는 언제나 리스크(불확실성)를 안고 있다. 자신이 집중해서 익힌 지식이나 기술이 아무짝에도 쓸모가 없어지는 일도 얼마든지 일어날 수 있다. 그럴 때는 제너럴리스트의 발상이 도움이 된다. 사람들은 흔히 자신이 하고 있는 분야는 잘 알지만, 바로 옆에 있는 사람이 무슨 일을 하고 있는지는 전혀 모르는 경우가 많다. 옆 사람이 하는 일과 자신이 하는 일을 서로 연관시킬 수 있는 사람만이 이제 새로운 분야를 열어 나갈 수 있다.

무엇인가를 검토할 때 머릿속에 그리는 방향 축에는 두 가지가 있다. 수직 사고와 수평 사고다. 수직 사고는 자신의 특기 분야를 위아래로 늘이며, 수평 사고는 다른 분야에 응용할 수 있을지 검토한다. 물론 수직 사고는 매우 중요하다. 이것이 어느 정도 깊어지지 않은 상태에서 다른 분야를 생각하기란 쉽지 않다. 수직 사고가 깊어진 상태에서 수평 사고가 더해졌을 때 비로소 새로운 분야를 열어 나갈 수 있다. 또한 수평 사고를 가지면 기존의 사고 틀에서는 쓸모가 없었던 매몰 비용이 완전히 새로운 가치를 발휘할 수도 있다.

일본의 대표적인 비디오 게임 제작사인 '닌텐도'를 크게 성장시킨 사람들 중 한 명으로 '요코이 군페이'라는 사람이 있다. 그는 화투나 트럼프를 만들던 닌텐도를 완구 제조업체를 거쳐 게임 회사로 탈바꿈시켰다. 그는 '시들어 버린 기술의 수평 사고'라는 철학을 가지고 있었다. '시들어 버린 기술'이란 이미 너무 많이 쓰여서 일반적인 것이 된 기술 또는 지식을 뜻한다. 그것을 수평으로 이동함으로써, 다시 말해 다른 용도를 궁리함으로써 새로운 것을 만들어 낸다는 철학이다.

그렇게 수평 방향으로 안테나의 감도를 높이면 하루하루가 즐거워진다. 거리에서 맞부딪힌 작은 사건과 자신의 능력이나 아는 사람들을 연결시킨다. 그것이 예전에는 없던 새로운 사업을 만들어 내는 계기가 될지도 모른다.

수직(세로)에 대한 투자와 수평(가로)에 대한 투자는 모두 필요하다. 여러분도 가끔은 주위에 있는 사람들이 하는 일, 즐기고 있는 것에 관심을 가져 봐도 좋지 않을까?

포트폴리오의 균형

2020년 1월 현재, 나는 세무사로 일하고 있다. 세무사는 고객의 회계 처리나 세금 계산을 돕는 직업이다.

세무사는 국가 자격 시험을 거쳐야 될 수 있다. 시험의 난이도는 높은 편이어서, 합격하는 사람은 100명 중 몇 명밖에 안 된다. 이렇게 어렵게 자격을 얻는 세무사라는 직업에도 암울한 그림자가 드리우고 있다. 그 원인은 역시 인공지능의 발전이다.

인공지능에는 활용하기 쉬운 분야와 쉽지 않은 분야가 있다. '어떤 결단을 내리거나 새로운 것을 만드는 일'은 인공지능을 활용하기가 쉽지 않은 분야다. 한편 '정보를 정리하거나 정해진 서식에 따라 계산을 하는 일'은 인공지능을 활용하기 쉬운 분야다. 이를 두고 여러 가지 주장이 나오고 있으니 여러분도 인공지능을 다룬 책을 한 권쯤은 읽어 보기 바란다.

세금 계산은 정해진 서식에 따라서 하면 되기 때문에 인공지능과 친화성이 높다고 알려져 있다. 신문이나 잡지에서 종종 '인공지능이 발전하면 사라질 직업 순위'를 발표하는데, 세무사나 회계와 관련된 직업은 거의 5위 안에 단골로 들어간다.

이런 상황 속에서 나도 내 직업에서 다음과 같은 점을 염두에 두고 있다.

○ 강점을 찾아내 그것을 갈고닦는다

세무사가 하는 업무는 대부분 계산이다. 그런데 최근에는 고객을 위해 다양한 계획서나 보고서를 작성하는 업무도 늘어났다. 이쪽 업무는 문장력이 중요하다. 나는 고객과 대화를 나누고, 그것을 글로 정리하는 것을 매우 좋아한다. 그 고객은 어떤 생각을 하고 있으며, 어떻게 돈과 시간을 사용하고 있는가? 이런 것을 글로 정리해서 적는 일을 늘 하고 있다.

그 결과 다음과 같은 일을 해낼 수 있었다.

• 고객이 자신의 직업을 다시 한번 생각하는 계기를 만들어 준다.

• 세무서나 관공서, 금융 기관으로 하여금 고객이 하는 일을 이해하도록 도와 준다.

그리고 글 쓰는 일을 꾸준히 하다 보니 칼럼을 써 달라는 의뢰를 받게 되었다. 글쓰기를 좋아한다는 나의 강점을 갈고닦음으로써 일의 폭을 넓힐 수 있었다.

○ 새로운 회사를 설립하고 전혀 다른 일에도 도전한다

2020년에 나는 회사를 차리고 나서 세무사 업무와는 전혀 다른 일을 하고 있다. 10여 년 전부터 나는 이런저런 인연으로 무술이나 예술과 관련된 시민 활동에 참가해 왔다. 이런 활동을 하면서 여러 가지를 경험하고 배울 수 있었다.

• 기획 입안 - 어떻게 모두에게 즐거움을 줄 수 있을까?

• 홍보 - 어떻게 해야 이 기획을 널리 알릴 수 있을까?

• 사무 체제의 구축 - 무대 뒤를 편하게 정리하는 방법 등.

정말 많은 것을 배울 수 있었는데, 이런 경험을 직업으로 발전시키기 위해 회사를 세우기로 했다. 새로운 회사에서는 무술이나 예술을 이용해 새로운 시장을 만들어 내려고 한다. 이 사업을 통해 지금까지 내게 무술과 예술의 즐거움을 가르쳐 줬던 분들에게 어떤 식으로든 은혜를 갚고 싶다. 그리고 물론 나 자신도 어떤 형태로든 보수(즐거운 경험이나 돈 등)를 얻고 있다.

여기에서는 내 사례를 소개했지만, 다른 사람들도 대부분 비슷한 생각을 하고 있다.

· 회사가 지니고 있는 강점을 더욱 갈고닦는다.

· 한 가지 분야에 집중한 뒤에야 새로운 전개가 보이기 시작한다.

· 완전히 새로운 업종에도 안테나를 세운다.

이를테면 건설업을 하고 있는 사람이 식당을 차리기도 한다. 물론 투자는 리스크가 있기에 실패하는 경우도 있지만, 만약 좋은 결과를 낸다면 두 가지 강점을 가질 수 있다.

포트폴리오를 생각할 때는 '선택과 집중', '분산 투자'의 균형을 살펴야 한다. 여러분도 인생의 포트폴리오를 어떻게 만들지 생각해 보기 바란다.

3장

금융에서
이루어지는
투자

금융 투자란 무엇일까?

돈이 일을 하는 신기한 세계

이 장에서는 '금융 투자'를 다루어 보려고 한다. 먼저 '금융'이라는 용어를 알아보자. 위키백과에서 금융을 검색하면 다음과 같이 설명되어 있다.

금전의 융통이라는 뜻으로,
주로 이자와 함께 자금을 빌리고 갚는 행위를 일컫는다.

이를 달리 표현하면, 남아도는 돈을 돈이 부족한 곳으로 보낸다는 뜻이다. 최근에 뉴스를 비롯한 여러 매체에서 말하는 금융은 다음과 같은 뜻일 때가 많다.

• 돈을 그냥 내버려 두는 것이 아니라, 일을 하게 해서 돈을 불린다.

'돈이 일을 하게 한다.'라니, 굉장히 신기한 표현이다. 역시 사례를 들어 생각해 보는 편이 이해하기 쉬울 것이다.

어떤 이유로 손에 들어온 돈을 자신의 지갑에 넣는다. 여기에서는 5만 원이라고 하자. 그리고 1년 동안 그 지갑을 장롱 속에 집어넣은 채 내버려 둔다. 1년 뒤에 장롱에서 지갑을 꺼냈을 때, 지갑 속의 돈은 어떻게 되었을까?

지갑 속에 들어 있는 금액은 변함없이 5만 원일 것이다. 누군가가 훔쳐 가지 않았다면 말이다. 아무리 장롱 속에서 한참 동안 돈을 숙성시키더라도 금액이 불어나는 일은 절대 없다. 이처럼 돈을 현금인 채로 자신의 수중에 보관하는 것을 '장롱 예금'이라고 부른다.

한편 그 돈을 은행에 맡긴다면 어떻게 될까? 5만 원을 은행에 맡기고 1년 정도 묵혀 두는 것이다. 은행 예금이라면 이자가 붙을 텐데, 그 이자는 과연 얼마나 될까?

지금 은행 이자는 놀랄 만큼 적다. 그 이유는 뒤에서 간단히 설명하겠다. 1년 정도를 맡겨 놓은들 받을 수 있는 이자율은 0.1퍼센트가 될까 말까다. 그러니까 5만 50원이 되면 다행인 수준이라는 말이다. 이래서는 장롱 예금과 거의 다를 바가 없다. 장롱 예금이나 은행에 맡겨 놓은 예금은 아무리 시간이 지나도 전혀 혹은 거의 불어나지 않는다. 이런 상태를 "돈이 일을 하고 있지 않다."라고 표현할 수 있다.

그렇다면 이번에는 그 5만 원을 다른 형태로 바꿔 보자.

· 친구에게 5만 원을 빌려주고 1년 후에 이자 1000원과 함께 돌려받는다.

솔직히 이 방법은 그다지 추천하지 않지만, 여기에서는 어디까지나 예시로 생각하기 바란다. 이 경우, 장롱 예금이나 은행 예금에 비하면 자신에게 돌아오는 돈이 조금이나마 늘어난다.

· 누군가가 시작하려고 하는 사업에 5만 원을 출자한다.

이 방법은 어떤가? 만약 그 사업이 큰 성공을 거둔다면 뭔가 좋은 일이 있을 것이다. 어떤 좋은 일이 있을지는 뒤에서 확인해 보자. 최종적으로는 5만 원이 넘는 돈이 돌아올지도 모른다.

이 두 가지 방법은 장롱 예금이나 은행 예금에 비하면 돈이 불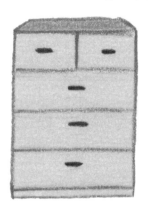어날 가능성이 분명히 높다. 이런 상태를 "돈이 일을 하고 있다."라고 표현한다. 다시 말해 돈이 일을 한다는 말은 돈을 불리기 위해 현금이나 예금을 무엇인가 다른 형태로 바꾼다는 뜻이다.

사업과 금융의 차이를 알아 두자

돈으로 돈을 불린다

2장에서 다룬 사업(일·장사)과 금융의 차이를 알아보자.

○ 사업

· 건물을 짓거나, 기계를 만들거나, 식사 또는 서비스를 제공하는 등 실제로 손발을 움직여서 일을 한다.

· 돈은 건물이나 기계, 각종 재료, 인재 등을 쓰는 데 사용된다.

○ 금융

· 돈을 어떤 형태로 바꾸며, 기본적으로 자신의 손발을 움직여 일하지는 않는다.

· 돈은 다른 사람에게 빌려주거나 출자를 하는 등 다른 형태로 변화한다.

'사용된다'와 '변화한다'의 미묘한 차이를 느낄 수 있는가? 금융을 다른 말로 표현하면 '돈이 자신을 불리는 활동'이다. 단, 여기에서 주의할 점이 있다. 세상에는 '금융 사업'이라는 분야도 있다. 예를 들어, 은행에서 일하는 사람들은 금융 사업을 하고 있는 것이다. 금융 사업은 다음과 같이 말할 수 있다.

- 누군가 맡긴 돈을 일하게 해 돈을 불리는 사업을 하는 것

'금융과 관련된 서비스를 제공하는 사업'도 있다는 말이다. 다만 이 책에서는 이해하기 쉽도록 사업과 금융을 분리해 이야기를 해 나가도록 하겠다.

금융 투자와 리스크

호랑이 굴에 들어가야 호랑이 새끼를 잡을 수 있다

돈이 일을 하게 할 때, 즉 돈을 무엇인가 다른 형태로 바꿀 때는 반드시 알아 둬야 하는 원칙이 있다. 바로 리스크와 리턴(회수)의 관계다.

1장에서 확인했듯이, 리스크는 '불확실성'을 의미한다. 리스크가 작을 경우, 나쁜 일은 잘 일어나지 않지만 좋은 일도 잘 일어나지 않는다. 리스크가 클 경우, 굉장히 좋은 일이 일어날 수도 있고 굉장히 나쁜 일이 일어날 수도 있다. 다시 말해 커다란 리턴을 바란다면 커다란 리스크를 짊어질 필요가 있다는 말이다. 다음 비교를 통해 생각해 보자.

○ **장롱 예금**
좋은 점: 돈을 써야 할 때 언제라도 꺼내 쓸 수 있으므로 긴급

95

한 상황에서도 안심이 된다.

나쁜 점: 돈이 절대 불어나지 않는다.

결과: 로우 리스크 로우 리턴^{low risk low return}

○ 은행 예금

좋은 점: 은행이 망하지 않는 한 돈이 없어질 일은 없다.

나쁜 점: 이자가 거의 붙지 않는다.

결과: 로우 리스크 로우 리턴^{low risk low return}

○ 대부(빌려줌)

좋은 점: 장롱 예금이나 은행 예금에 비해 돈이 불어날 확률이 높다.

나쁜 점: 빌려준 상대가 돈을 갚지 못하게 되면 돌려받을 방법이 없다.

결과: 미들 리스크 미들 리턴^{middle risk middle return}

○ 출자

좋은 점: 출자한 사업이 성공하면 돈이 몇 배 또는 몇십 배가 되어 돌아올 수 있다.

나쁜 점: 실패하면 돈을 모두 잃을 수 있다. 게다가 실패할 가능성이 매우 크다.

결과: 하이 리스크 하이 리턴high risk high return

리스크와 리턴은 대체로 비례 관계다. 큰 수익을 내고 싶다면 돈을 잃을 가능성도 염두에 두어야 한다.

'수익률'이라는 말이 있다. 투자한 돈이 어느 정도의 비율로 불어나서 돌아오는가를 나타내는 말이다. 리턴과 거의 같은 뜻이라고 할 수 있다. 기회가 있다면 은행에서 나눠 주는 이런저런 금융 상품 안내 책자를 읽어 보기 바란다. 그러면 '높은 수익률!' 같은 표현을 볼 수 있다. 여기에서 말하는 높은 수익률은 다음과 같은 뜻이다.

- 은행에 저금하고 내버려 둘 때보다 큰 수익을 기대할 수 있습니다!

다만 이 말 뒤에는 이런 뜻이 숨어 있다는 걸 알아채야 한다.

- 하지만 경우에 따라서는 돈이 줄어들지도 몰라요!

결국 리스크와 리턴은 비례 관계이기 때문이다. 은행에 따라서는 숨기지는 않지만 가까스로 볼 수 있을 만큼 작은 글자로 적어 놓기도 하니 주의해야 한다.

금융 투자를 자세히 살펴보기 전에 한 가지 더 알아 둘 것이 있다. 사실 금융 투자 중에는 '다른 사람에게서 돈을 빌려 와서 하는 투자'가 있다. 다시 말하면 다음과 같은 경우다.

- 다른 사람에게서 돈을 빌려 와 그 돈을 또 다른 사람에게 빌려준다.
- 다른 사람에게서 돈을 빌려 와 그 돈을 어떤 사업에 출자한다.

지금 '어라? 금융이라는 건 돈이 남아도는 사람이 돈이 부족한 사람에게로 돈을 보내는 게 아니었어?'라고 생각하는 사람도 있을 것이다. 다른 사람에게서 돈을 빌렸다는 것은 수중에 남아도는 돈이 없다는 뜻이다. 금융 본래의 정의에 따르면 있을 수 없는 일이지만, 실제로는 이런 금융 투자가 활발하게 이루어지고 있다. 그 이유는 여러 가지가 있지만, 일단은 '인간은 욕심이 많은 동물'이기 때문이라고 기억해 두자.

그러면 지금부터 구체적인 금융 투자 방법을 알아보도록 하자.

부동산 투자

임대인이 되자!

첫 번째 금융 투자 방법은 부동산 투자다. 사실 부동산 투자를 금융 투자에 포함하는 것이 맞는지는 조금 생각해 볼 문제이지만, '돈을 다른 형태로 바꿔서 돈이 불어나는 시스템을 만든다'는 점에서는 다르지 않으므로 이 책에서는 금융 투자에 포함해서 생각하겠다.

부동산 투자는 말 그대로 돈을 부동산의 형태로 바꾸는 것이다. 부동산이란 건물과 토지를 뜻한다. 여러분이 살고 있는 집도 건물이며, 건물은 반드시 토지 위에 지어진다(물론 물 위에 건물을 짓는 경우도 있다). 부동산으로 수입을 얻는 방법은 두 가지다.

○ 누군가에게 빌려주고 임대료를 받는다

건물을 가지고 있으면서 빌려준 사람을 '임대인', 건물을 빌린

99

사람을 '임차인'이라고 부른다. 임대인은 돈을 내서 토지나 건물을 마련해 임차인에게 빌려준다. 그렇게 해서 돈을 불리는 투자를 한다. 이런 투자 방법을 '부동산 임대업'이라고 한다.

부동산 임대업의 특징은 다음과 같다.

• 은행 예금 이자보다 높은 수익률을 기대할 수 있다.

사람은 생활할 장소가 필요하다. 또 어떤 일을 하려면 방이 필요하다. 부동산에는 항상 일정한 수요가 있다는 말이다. 그래서 부동산을 빌리려는 사람을 잘 찾아내면 어느 정도의 수익률을 기대할 수 있다.

• 일반적으로는 장기간에 걸친 투자다.

짧아도 10년, 길면 수십 년이라는 기간에 걸쳐서 이루어질 때가 많다.

○ 누군가에게 매각한다

옛날부터 소유했거나 새로 손에 넣은 부동산을 누군가에게 매각하는 방법, 그러니까 누군가에게 파는 방법이다. 이전에 1억 원을 주고 샀던 토지가 있다. 그런데 그 토지의 인기가 높아져서 2억 원을 받고 팔았다. 이렇게 되면 1억 원이라는 수익이 생긴다.

부동산 매각의 특징은 다음과 같다.

• 한 번의 매각으로 큰 수익을 기대할 수 있다.

부동산 임대업이 조금씩 이익을 쌓아 나가는 데 비해, 매각은

한 방에 큰 수익을 내는 편이다.

• 긴 기간에 걸쳐 투자가 이루어지는 일은 그리 많지 않다.

짧으면 몇 달, 길어도 몇 년 정도면 팔리는 경우가 많다.

실제로는 부동산 임대와 부동산 매각을 함께 하는 경우도 많다. 예를 들면, 토지와 건물을 사서 임차인을 찾아 임대를 놓는다. 어느 정도 시간이 흘러 토지 가격이 오른 시점에 다른 사람에게 매각하는 식이다.

부동산 투자의 자금원과 비용

부동산은 비싸다

부동산 투자를 할 때는 돈을 빌려서 하는 일이 많다. 여러분도 대충은 알겠지만, 부동산은 굉장히 비싸다. 어지간한 대도시에 있는 반듯한 건물을 구입하려면 수십억 또는 수백억 단위의 돈이 필요하다. 그런 돈을 자신의 지갑에서 쉽게 꺼내 치를 수 있는 사람은 거의 없다. 그렇기 때문에 다른 사람에게서 돈을 빌려, 다시 말해 빚으로 건물이나 토지를 구입하는 일이 많다. 그래서 부동산 투자가 성공할지 실패할지를 가르는 첫 번째 과제가 바로 이것이다.

• 초기 투자를 얼마나 줄일 수 있는가?

같은 건물을 사는 데 10억 원이 들었을 경우와 20억 원이 들

102

었을 경우를 비교해 보자. 어느 쪽이 유리하게 투자를 할 수 있을까? 당연히 10억 원에 산 쪽이다. 처음에 들인 돈이 적으므로 임대료를 낮출 수도 있고, 누군가에게 팔 때도 10억 원보다 비싸게만 팔 수 있으면 이익이기 때문이다.

그리고 이때 빚도 문제가 된다. 누군가에게 빚을 졌다는 말은 그 사람에게 이자를 줘야 한다는 말이다. 빚이 많으면 그만큼 내야 하는 이자도 많다. 초기 투자를 어떻게 줄일 것인가는 부동산 투자를 할 때 매우 중요한 과제이다.

• 유지 관리 비용을 또 어떻게 줄일 것인가?

부동산을 소유하면 그것으로 끝이 아니다. 관리에도 공을 들여야 한다. 여러분이 사는 아파트 복도에 쓰레기가 여기저기 널려 있고 전등도 꺼져서 어두컴컴하다면 어떨까? 살기 싫어지지 않을까? 쾌적하게 생활하기 위해서는 정기적으로 청소를 하거나 유지 관리를 해 줘야 한다.

그 밖에도 유지 관리를 위한 지출에는 여러 가지가 있다. 이를테면 재산세라는 것이 있다. 이것은 부동산을 소유한 사람이 내야 하는 세금이다. 부동산은 산 뒤에도 돈이 많이 들어간다.

초기 투자나 유지 관리 비용이 높아지면 부동산 투자의 수익률은 그만큼 낮아진다. 악질적인 부동산 업자도 있어서 불법이나 사기 등의 수법으로 부동산을 사고팔기도 하는데, 싸게 사들여서 비싼 값에 되파는 식이다.

　물론 이런 일은 바람직하지 않지만, 일반적인 부동산 거래에서도 '가치가 있는 물건을 최대한 저렴한 가격에 사는 것'을 목표로 삼는다.

물건이나 거리의 매력

좋은 거리에는 좋은 부동산이 있다

　부동산 투자를 할 때는 인기도가 매우 중요하다. 가장 쉬운 예를 들면 지하철역과의 거리다. 지하철역에서 가까운 집과 먼 집이 있다면, 역시 가까운 집이 좀 더 살기 편할 것이다. 또한 주위 건물과의 관계나 방의 구조, 남향인가 아닌가 등도 인기에 큰 영향을 미친다.

　그 물건이 매력적이라는 것은, 곧 다음과 같은 의미다.

　임대료를 높게 정할 수 있다.
　팔 때도 비싸게 팔 수 있다.

　좀 더 넓은 관점에서 볼 필요도 있다. 그것은 그 부동산이 위치한 시가지의 인기다. 나는 가나가와현 가와사키시에 살고 있다.

예전부터 '가와사키시=공장 지대'라는 이미지가 강했다. 그런데 도시의 모습이 최근 들어 꽤 달라지기 시작했다. 수도인 도쿄까지 교통이 매우 편리하면서도 도쿄보다 싼값으로 집을 구할 수 있다는 이유에서 엄청난 기세로 개발이 진행되었다.

나는 어린 시절부터 줄곧 가와사키시에서 살고 있는데, 그때의 모습은 이제 거의 남아 있지 않다. 고층 아파트가 잇따라 들어섰고, 인근 역들의 주변은 옛 모습을 찾아볼 수 없을 만큼 크게 변했다. 이렇게 개발되고 있는 시가지의 부동산 가격은 어떻게 될까? 당연히 점점 오른다. 각 물건의 매력도 물론 중요하지만, 그 물건이 위치한 시가지의 인기도 그 이상으로 중요하다.

여러분 중에는 가족이 산 집에서 살고 있는 사람도 있을 것이다. 이른바 '내 집'이다. 매매를 위한 것이 아니라 그저 자신들이 살기 위해 집을 사는 것이므로 앞서 말한 물건 자체나 시가지의 매력은 그다지 중요하지 않다고 생각할지도 모른다. 그러나 이것은 안일한 생각이다.

예를 들어 부모님이 직장을 옮겨 그 집에서 살 수 없게 된다면 어떻게 할까? 아마 여러분 자신이나 친구가 그 때문에 갑자기 전학을 가야 했던 적이 있을 것이다. 그렇게 되면 살고 있던 집을 세를 주거나 팔아야 한다. 그 집이 인기가 많다면 딱히 어려운 일은 없을 것이다. 그런데 만약 전혀 인기가 없다면? 세를 들려는 사람도 없고, 사겠다는 사람도 없을 것이다. 그렇다고 여러분 가족이 그 집에서 계속 살 수도 없다. 그럼에도 그 집을 사느라고 진 빚은 계속 갚아 나가야 한다.

이런 일이 벌어지지 않게 하려면 부동산을 살 때 '나중에 이 집의 인기도가 어떻게 될지를 검토한 다음 구입하는 것'이 매우 중요하다. 이것은 매매를 목적으로 하지 않고 그저 자신들이 살기 위한 집을 살 때도 마찬가지다.

당연한 말이지만, 인기가 높은 부동산은 그만큼 값이 비싸다. 너무 비싼 집을 사는 것도 추천할 수는 없다. 예산 범위 안에서 되도록 가치를 계속 유지할 수 있을 것 같은 집을 고른다. 내가 살 집을 살 때도 이렇게 부동산 투자의 관점에서 생각할 필요가 있다.

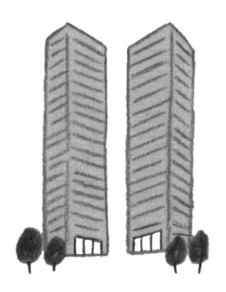

부동산과 상속

세금 대책으로 하는 부동산 투자, 괜찮은 방법일까?

부동산 투자에 관한 이야기의 마지막으로, 상속에 대해 생각해 보자.

여러분도 '상속'이라는 말을 들어 본 적이 있을 것이다. 추리 소설이나 텔레비전 드라마에서 '거대 자산가의 상속을 둘러싼 가족 간의 잔혹한 분쟁!' 같은 홍보 문구를 본 적도 있을 것이다.

상속은 누군가가 사망했을 때 발생한다.

<u>유산(죽은 사람이 남겨 놓은 재산)을 누가 어떻게 물려받을 것인가?</u>

상속은 이와 같은 것을 결정하는 절차다. '이 건물은 첫째 자녀, 이 예금은 둘째 자녀, 자동차는 아내……' 같은 식으로 각각의 몫을 정해 나가는 것이다.

상속이 있을 때는 상속세라는 세금을 계산해야 한다. 상속세에는 이와 같은 성질이 있다.

유산이 많으면 상속세를 많이 내야 한다.

사실 이 상속세는 유산이 무엇이냐에 따라 액수가 크게 달라진다. 현금이나 예금보다 부동산에 부과되는 상속세가 낮다. 현금이나 예금은 쓰기에 매우 편리하므로 누구나 갖고 싶어 한다. 그래서 10억 원은 10억 원 그대로 평가된다. 한편 부동산은 현금이나 예금에 비하면 덜 편리하다.

주택을 상속받았을 때 나에게 이미 살고 있는 집이 있다면 이 주택은 필요가 없다. 임대 부동산을 상속받는 경우도 내가 지금 사는 집으로부터 멀리 떨어져 있으면 관리하기가 불편하다. 그리고 다시 한번 말하지만, 부동산은 소유하기만 해도 유지 비용이 들어간다. 그래서 매매 가격이 10억 원인 부동산이 있다면, 세금을 부과할 때 기준이 되는 평가액은 몇억 원 정도가 줄어든다.

따라서 현금이나 예금을 잔뜩 가진 상태에서 사망했을 때보다 부동산을 많이 가진 상태에서 세상을 떠났을 때가 상속받은 사람이 내는 상속세가 더 적다.

상속세 부담이 커지면서 많은 부동산 업자들이 "상속세 대책으로 부동산에 투자하십시오!"라고 홍보한다. 이 말은 "현금이나 예금으로 자산을 남기기보다 부동산에 투자를 하는 편이 상속세를 줄일 수 있습니다!"라는 뜻이다.

실제로 그렇게 상속세 대책을 마련한다는 이유로 건축된 부동산이 정말 많다. 어쩌면 여러분이 지금 살고 있는 집도 그런 이유에서 지어진 것인지도 모른다.

다만 주의할 점이 있다. "상속세를 줄일 수 있으므로 부동산 투자는 좋다!"라고 단언할 수는 없다는 것이다. 예를 들어 상속세를 줄이기 위해 다세대 주택을 지었는데 임차인을 제때 찾지 못하면 부동산 투자로서는 큰 실패가 되어 버린다. 상속세는 줄였지만

부동산 투자로서는 실패했기 때문에 결국 수중에 돈이 남지 않게 된다.

세금은 언제나 반갑지 않다. 그래서 '세금을 줄이는 것은 무조건 좋은 것!'이라고 생각하는 사람이 많다. 아마도 여러분이 지금 상속세 대책으로 부동산 투자를 할 일은 거의 없을 것이다. 그러나 몇십 년 뒤에는 여러분에게도 그런 생각을 하게 되는 날이 올지도 모른다. 어쩌면 지금 여러분의 가족 중에 그런 생각을 하는 사람이 있을지도 모른다.

일본은 인구 감소 사회로 들어섰다. 사람에 비해 부동산이 남아돌고 있어서 부동산 투자로 성과를 내기가 어려워지고 있다는 말도 나온다. 따라서 가족 모두가 행복해질 수 있을지 철저히 검토한 뒤에 부동산 투자를 해야 할 것이다.

회의주의와 운세

"꿈을 갖고 살아가면 반드시 그 꿈을 이룰 수 있어!"라고 말하는 사람이 많다. 그런데 정말 그럴까?

인간은 자신의 노력을 높게 평가하고 싶어 한다. 자신이 하는 일은 대단하며, 이렇게 열심히 노력하고 있으니 좋은 결과가 나오지 않을 리가 없다고 생각한다. 아마도 이런 생각을 전혀 하지 않으면서 살아갈 수 있는 사람은 없을 것이다.

그러나 안타깝게도 세상에는 노력이 결실을 맺지 못하는 경우도 많으며, 이루지 못하는 꿈도 많다. 학문에서든 운동에서든 많은 사람들로부터 관심을 얻거나 인기를 끌 만큼 활약하는 사람은 1만 명 중에 한 명 있을까 말까다.

'회의주의'라는 말이 있다. 세상 사람들이 원리원칙으로 여기는 것들을 의심하고 새로운 원리원칙을 만들어 내려는 과학적·철학적 사고 방법이다.

내 주위에서 훌륭한 결과를 내고 있는 사람들이 거의 공통적으로 하는 말이 있다. 그것은 "운이 좋았다."라는 말이다. 물론 자기 나름대로 노력은 했지만, 그보다는 운이 좋았기에 훌륭한 결과를 낼 수 있었다고 그들은 생각한다. 하지만 아무런 노력도 하지 않고 좋은 결과를 낼 수 있는 사람은 없다. 따져 보면 "운이 좋았다."라는 말에서는 자신의 노력이나 투자에 대한 회의주의적인 자세가 엿보인다.

· 나는 결코 모든 일을 다 잘해 낼 수 있는 사람이 아니다.

· 아마도 경쟁 상대는 나보다 더 열심히 준비해서 조금도 허술함이 없을 것이다.

이런 자세는 곧 자신보다 상대를 더 믿는 것으로 보이지만, 그러는 가운데 자신도 최대한의 준비를 한다는 것이다. 실패를 줄이기 위해서는 이런 사고방식도 매우 중요하다.

그리고 또 한 가지, '타력본원(他力本願)'이라는 말을 소개하고 싶다. 타력본원은 '다른 이에 기대어 일을 성취한다.'는 말인데, '누군가가 어떻게든 해 준다.'라는 뜻으로 이해하는 사람이 많은 듯하다. 사실 이 말은 불교 용어로, "부처님의 힘을 빌려서 나도 부처가 될 수 있다."라는 의미다. 다시 말해 인간은 옛날부터 '나는 열심히 노력하고 있어!'라고 생각하고 싶어 했다는 걸 보여 주며, 그런 마음에 대해 이렇게 훈계하는 것이라고 생각해 볼 수 있다.

· 그대가 열심히 노력하고 있을지 모르지만, 세상에는 더 큰 힘이 있다네.

다시 한번 말하지만, 노력할 필요가 없다는 말이 아니다. 당연히 노력은 해야 한다. 다만 노력하는 가운데 그 노력이 결실을 맺을지 못 맺을지는 인간이 알 수 있는 영역이 아니라는 마음가짐도 중요하다.

대부를 통한 투자

누구에게 빌려줄 것인가, 그것이 문제로다!

두 번째 금융 투자 방법은 대부다. 대부는 자신이 가지고 있는 돈을 누군가에게 빌려주어, 빌려준 상대에게서 그 돈뿐만 아니라 이자도 함께 회수하는 것이다.

은행에 저금을 하는 것도 여러분이 은행에 돈을 빌려주는 것이나 마찬가지다. 그래서 여러분이 맡긴 은행 예금에는 아주 적은 금액이기는 하지만 이자가 붙는다.

대부를 통한 투자의 특징은 다음과 같다.

○ 장기간에 걸쳐 이루어질 때가 많다

아주 짧은 기간만 돈을 빌려주는 경우도 있지만, 보통은 어느 정도 긴 기간 동안 빌려준다. 짧아도 1년, 길면 15년 정도가 되기도 한다. 따라서 돈을 빌려준 쪽과 빌린 쪽은 대부 기간에 걸쳐 관계를 맺게 된다. 서로 사이가 좋을 때는 문제가 없지만, 돈이 얽히면 어떤 관계든 꼬일 때가 많다. 따라서 친구나 친척에게 돈을 빌리거나 빌려주는 일은 매우 조심스럽다.

여러분이 상대를 직접 골라서 돈을 빌려주는 일은 아마도 거의 없지 않을까 싶다. 현실 세계에서 어떤 방법으로 돈을 빌려주는지는 뒤에서 소개하겠다.

○ 도중에 현금이나 예금으로 되돌리기가 어렵다

앞에서 다룬 부동산 임대업의 경우는 급한 일이 생겨서 돈이 필요하면 부동산을 팔면 된다. 그런데 대부업의 경우에는 그렇게 하기가 어렵다.

예를 들어 내가 친구인 A에게 1000만 원을 빌려줬다고 하자. 그런데 갑자기 돈을 써야 할 일이 생겼다. 그래서 B라는 사람에게, "내가 A한테 1000만 원을 빌려줬거든? 그 빌려준 돈을 네가 사지 않을래?"라고 부탁했다고 치자. B는 그 돈을 사들일까?

아마도 '대체 무슨 소리를 하는 거야? 그걸 내가 왜 사?'라고 생각할 것이다. B에게 A는 전혀 모르는 사람이다. 빌려준 돈을 정말로 돌려받을 수 있을지 당연히 의심스러울 것이다.

그런 사정이 있기 때문에 A에게 빌려준 돈을 누군가에게 매각하기는 쉬운 일이 아니다. 그렇다면 A에게 "내가 사정이 생겨서 그러는데, 빌려준 돈을 지금 전부 돌려줄 수 없을까?"라고 요구할 수 있을까? 이것도 어려울 것이다. 갑자기 전액을 돌려 달라고 한들 A도 돌려줄 방법이 없을 터이기 때문이다.

그런 이유에서 대부를 통한 투자는 도중에 현금이나 예금으로 되돌리기가 어렵다. 다만 이 불편함을 없앨 수 있는 방법이 있는데, 그 방법도 뒤에서 설명하도록 하겠다.

돈을 빌리는 사람의 신용력

지금 가진 것과 어떻게 살아왔는가를 기준으로 판단한다

돈을 빌려줄 때 가장 중요한 것은 돈을 빌리려는 사람의 신용력이다. 신용력은 빌려준 돈의 대가를 앞으로 치를 수 있을 것이라 믿어지는 능력이다. 역시 예를 통해 알아보자.

- A는 부모님이 부자이고 자신도 재산을 가지고 있다. 그런 A가 여러분에게 새로운 사업을 시작하고 싶으니 돈을 빌려 달라고 말했다.
- B는 재산이 별로 없다. 또한 주변 사람 중에도 딱히 자산가는 없는 듯하다. 그런 B가 역시 여러분에게 새로운 사업을 시작하고 싶으니 돈을 빌려 달라고 말했다.

여러분이라면 둘 중 누구에게 돈을 빌려주고 싶은가? A나 B의 성격을 논외로 친다면 어떻게 생각해도 A에게 빌려주고 싶을 것이다. A에게 돈을 빌려주면 그가 사업에 실패하더라도 빌려줬던 돈을 돌려받을 수 있을 터이다. 그러나 B에게 돈을 빌려주면 사업이 실패했을 때 빌려줬던 돈을 돌려받지 못할 가능성이 크다.

이때 A와 B의 사이에는 다음과 같은 차이가 생긴다.

○ 빌릴 수 있는 금액에 차이가 생긴다

A는 큰돈을 자금으로 빌릴 수 있다. 그에 비해 B는 그다지 많은 돈을 빌릴 수 없을 것이다.

이렇게 빌릴 수 있는 금액의 한도를 '융자 한도'라고 부른다.

○ 빌린 돈에 대한 이자율이 달라진다

지금부터 이 이자율을 '금리'라고 하겠다. A는 신용력이 높기 때문에 낮은 금리로 돈을 빌릴 수 있다. A는 돈을 갚지 못할 위험이 낮으므로 돈을 빌려주는 쪽에서 안심하고 빌려줄 수 있기 때문이다. 한편 B는 신용력이 낮기 때문에 돈을 빌려주는 쪽이 안심하고 빌려줄 수가 없다. 그런 상대에게 돈을 빌려줄 경우에는 하다못해 금리를 높여야 그나마 수지가 맞게 된다.

다시 말하면 신용력이 높은 사람은 좀 더 유리한 조건으로, 신용력이 낮은 사람은 좀 더 불리한 조건으로 돈을 빌리게 된다.

○ 돈을 빌릴 수 있는 기간이 달라진다

신용력이 높은 사람은 그만큼 긴 기간 동안 돈을 빌릴 수 있다. 한편 신용력이 낮으면 좀 더 일찍 돈을 갚아야 한다. 돈을 돌려받을 수 있을지 없을지 확신이 안 서는 상대에게 긴 기간 돈을 빌려주고 싶은 사람은 거의 없기 때문이다.

실제로 돈을 빌리고 빌려줄 때는 반드시 '신용 조사'라는 작업을 하게 된다. 돈을 빌리려고 하는 사람의 재산 상황이나 이전에 빚을 진 적이 있는지 등을 조사하는 것이다. 그렇게 해서 그전에도 빚을 지고서 갚지 않았던 경력이 있는 사람은 아주 높은 금리가 아니고서는 돈을 빌릴 수 없거나 애초에 융자를 거절당할 수도 있다.

'사채업자'라는 말이 있다. 일반적인 방법으로는 돈을 빌릴 수 없는 사람들에게 엄청난 금리를 조건으로 돈을 빌려주는 사람들을 가리킨다. 이것은 불법적인 장사이지만, 대출이라는 투자 방법의 관점에서 보면 이치에 맞는 행동이기는 하다. 다만 부디 이런 사람들에게 돈을 빌리는 일은 없기를 바란다.

세상에는 대부와 관련된 다양한 상품이 있다. 그런 상품들에 대해 반드시 다음과 같은 사실을 기억해 두자.

• 대부 관련 상품은 빌리는 사람의 신용력에 맞춰서 융자 한도·금리·상환 기간을 조정한다.

신용력이 높으면 유리한 조건으로 돈을 빌릴 수 있다. 반면 신용력이 낮으면 좀 더 불리한 조건으로 돈을 빌릴 수밖에 없다. 이것은 거꾸로 말하면 신용력이 낮은 사람에게 돈을 빌려주는 투자를 할 경우 그만큼 많은 이익을 낼 가능성이 있다는 뜻이다. 다만 그런 투자를 하면 돈을 돌려받지 못하게 될 위험성도 높다는 점을 알아 둬야 한다.

왜 금리는 오르기도 하고 내리기도 할까?

금리 조절로 경제를 건전한 상태로 유지한다

다시 한번 정리하면, 대부를 통한 투자를 할 때는 상대의 신용력에 맞춰서 크게 세 가지를 검토한다.

- 누구에게 빌려줄 것인가?
- 어느 정도의 기간 동안 빌려줄 것인가?
- 어느 정도의 금리로 빌려줄 것인가?

3장 첫머리에서 했던 이야기를 떠올려 보자. 현재 일본에서는 매우 낮은 금리가 적용되고 있다. 은행에 돈을 맡겨 놓아도 금리가 거의 붙지 않는다. 반대로 은행에서 돈을 빌릴 때도 낮은 금리로 돈을 빌릴 수 있다. 이것은 어째서일까?

이 의문을 풀기 위해서는 장사를 하는 사람의 심정이 되어 볼 필요가 있다. 사례를 들어 살펴보자.

　여러분은 해외의 식재료를 사들여 국내에서 판매하는 회사의 경영자다. 국내에서 잘 팔릴 것 같은 식재료를 찾아내기 위해 매일 세계 각지에서 정보를 수집하고 있다.

　그러던 어느 날, 어떤 나라에서 무척 흥미로운 식재료를 발견했다. 맛도 좋고 영양도 풍부한 식재료다. 건강과 다이어트는 어느 시대에나 사람들의 관심을 끄는 주제이므로, 만약 이 식재료를 수입해서 판매한다면 사업을 크게 펼칠 수 있을 것으로 예상된다.

　그런데 문제는 현재 여윳돈이 거의 없다는 것이다. 식재료를 수입해서 판매하려면 어딘가에서 돈을 빌려 와야 한다. 빚을 지고 사업을 하는 것이므로 실패해서는 안 된다. 그러나 미래는 알 수가 없다. 반드시 성공하는 투자란 존재하지 않는다.

　여기에서 문제 하나.

A) 10퍼센트의 금리로 돈을 빌려주는 곳

B) 1퍼센트의 금리로 돈을 빌려주는 곳

　어느 쪽에서 돈을 빌리는 것이 사업을 하겠다는 결단을 내리기 쉬울까?

정답은 B다. 낮은 금리로 돈을 빌리면 지급해야 하는 이자를 줄일 수 있기 때문이다.

금리가 낮은 상태 = 사업하기 쉬운 상태

사업하는 사람에게는, 금리가 낮으면 돈을 빌리기가 쉬우므로 좀 더 쉽게 사업을 펼쳐 나갈 수 있다.

경기가 나빠지면 금리는 떨어진다. 금리를 낮춤으로써 사업을 하는 사람들이 돈을 쉽게 빌릴 수 있는 상태를 만드는 것이다. 이 논리는 다른 다양한 투자에도 적용된다. 금리가 낮으면 다음과 같은 투자가 일어난다.

- 금융 투자를 위해 필요한 자금을 쉽게 빌릴 수 있다.
- 자신이 살 집을 사기 위해 돈을 빌리기도 쉽다.

현재 일본은 경기가 줄곧 나쁜 상태다. 그래서 이런 상태로부터 벗어나기 위해 놀랄 만큼 낮은 금리를 계속 적용하고 있다.

그렇다면 금리는 계속 낮은 상태를 유지할까? 사실은 그렇지 않다. 경기가 좋아졌다고 가정해 보자. 호경기는 기쁜 일이다. 그러나 호경기가 계속되면 사람들은 신이 나고, 지나치게 신난 상태가 계속되면 물건값이 너무 오르거나 건전하지 못한 일을 저지르는 사람이 늘어나고 만다.

그럴 때 '너무 신을 내지 마시오!'라는 뜻에서 금리를 올린다. 금리가 오르면 내야 하는 이자도 많아지기 때문에 결국 뜨거웠던 투자 열기가 식게 된다.

나라마다 '중앙은행'이라는 특별한 은행이 있다. 이 중앙은행은 금리를 올리거나 내림으로써 나라의 경기를 조절해 경제가 건전한 상태를 유지하도록 노력한다.

지금까지 소개한 것은 좋은 의미에서의 금리 조절이다. 이런 조절이 이루어지는 동안은 경제는 그다지 이상한 상태에 빠지지 않는다. 그런데 나쁜 의미에서의 금리 조절이 있다. 바로 '신용 불안'이다.

앞에서 말했듯이, 금리는 상대의 신용력에 따라 달라진다. 상대의 신용이 낮으면 적용하는 금리를 높인다. 그것이 투자의 철칙이기 때문이다.

일본은 '국채'라는 형태로 빚을 잔뜩 지고 있다. 국채는 나라가 지고 있는 빚을 뜻한다. 일본 국채는 매우 낮은 금리가 적용되어 있다. 일본이라는 나라의 신용력이 높은 까닭에 그만큼 낮은 금리로 돈을 빌릴 수 있는 것이다. 그런데 만약 나라의 신용력이 떨어진다면 어떻게 될까? 신용력이 낮으므로 적용되는 금리는 높아질 수밖에 없다. 국채에 적용되는 금리는 그 나라에서 적용되는 금리 전체에 큰 영향을 준다. 곧 일본이라는 나라의 신용력이 떨어지면 금리가 오를 가능성이 있다.

이것이 신용 불안에 따른 금리 조절이다. 여러 투자 대상의 신용력을 평가하는 '신용 평가 기관'이라는 곳이 있는데, 어떤 나라의 경제가 침체에 빠지면 신용 평가 기관은 그 나라의 국채에 대해 신용 등급을 낮춘다. 등급이 일정 수준 이하를 밑돌면 그 나라의 신용력은 단숨에 떨어지며, 그 결과 금리가 크게 오를 수 있다. 이것은 사실 매우 단순화한 설명이다. 여기에서는 올바른 금리 조정을 하려면 신용력이 중요하다는 점을 기억해 두자.

금리에 관해 좀 더 알고 싶다면 앞으로 '거시 경제학'이나 '금융론' 같은 학문을 공부해 보기 바란다.

채권 투자

누구나 손쉽게 대부를 통한 투자를 할 수 있다

지금까지 대부를 통한 투자에 관해 공부했다. 그런데 '대부를 통한 투자란 이런 것이구나. 하지만 내가 실제로 대부를 통한 투자를 하기는 어려울 것 같아.'라고 생각하는 독자도 있을 것이다. 여러분이 누군가에게 돈을 빌려주고 싶어도 이런 궁금증이 들 수밖에 없다.

- 어떻게 상대의 신용력을 조사할까?
- 어느 정도의 기간 동안 빌려주는 것이 맞을까?
- 몇 퍼센트의 금리로 빌려줘야 할까?

그래서 등장한 것이 채권이다. 채권은 대부를 통한 투자를 상품으로 만든 것이다. 예를 들면 다음과 같다.

126

대출처는 주식회사 굿아이디어. 대출 기간은 3년. 적용 금리는 2퍼센트. 액면가 100만 원에 100장 판매. 자금 용도는 설비 투자.

이렇게 상품의 형태로 만들어 은행 등에서 판매한다. 여러분이 만약 은행에서 위의 채권을 구입한다면 주식회사 굿아이디어에 대부를 통한 투자를 한 셈이 된다.

그리고 채권의 특징은 '누군가에게 팔 수 있다'는 것이다. 채권의 매매가 이루어지는 시장이 있기 때문에 그곳에서 자신이 가진 채권을 현금이나 예금으로 되돌릴 수 있다.

대부를 통한 투자에서 지적했던 것을 떠올려 보자.

- 개인적으로 누군가에게 빌려주기는 어렵다.
- 도중에 현금화하기도 어렵다.

이 두 가지 과제를 채권이 해결해 주는 것이다.

다만 도중에 돈으로 바꿀 경우에는 어느 정도 손실이 일어날 것을 각오해야 한다. 채권은 기본적으로 상환받을 때까지 기다려야 하는 투자 방법이기 때문이다.

채권은 누가 발행했느냐에 따라 명칭이 달라진다.

- **국채** - 국가가 발행한다.

- **지방채** - 지방 자치 단체가 발행한다.
- **회사채** - 회사가 발행한다.

여러분이 살고 있는 지역의 자치 단체에서도 채권을 발행하고 있을지 모른다. 검색해 보면 정보가 나올 것이다. 학교를 짓고 싶다거나 도로 또는 상하수도를 정비하고 싶다는 등 다양한 이유로 지방채가 발행되고 있다. 채권을 조사해 보면 여러분이 살고 있는 곳이 어떤 일에 힘을 쏟는지 알 수 있다.

출자를 통한 투자

여러분도 주주! 회사가 이익을 내면 배당금을 받는다

세 번째 금융 투자 방법은 출자다. 2장에서 '출자를 받아 자금을 마련하는 방법'을 다루었고, 그때는 '누군가에게서 돈을 받아 그 돈으로 사업을 한다'는 상황이었다. 여기서는 반대의 상황, 즉 내가 출자를 하는 경우다. 이것은 다음과 같은 뜻이다.

출자를 하는 것 = 주식을 사는 것

다시 말해 상대에게 준 돈은 주식을 사기 위한 대금이다. 따라서 대부와 달리 상대에게 준 돈을 돌려받을 수는 없다. "이 주식을 샀는데 마음이 바뀌었어요. 돈을 돌려줘요."라는 요구는 기본적으로 통하지 않는다.

주식을 가진 것은 회사의 소유권을 가진 것과 거의 같은 의미를 지닌다. 만약 경영자가 일을 대충 하고 있다면 "당신 해고야!"라고 선언할 수도 있다.

주식을 보유하고 있으면 어떤 이점이 있을까? 그중 하나로 배당금을 들 수 있다. 배당금은 회사가 낸 이익의 일부를 받는 것이다.

여러분이 주식회사 굿아이디어의 주식을 100퍼센트 보유하고 있다고 가정해 보자. 회사의 경영자가 1년 동안 사업을 한 결과 10억 원의 매출을 올릴 수 있었다. 그리고 그 매출을 올리기 위해서 들인 경비는 9억 원이었다. 다시 말해 1년 동안의 수익은 다음과 같이 계산이 된다.

10억 원 – 9억 원 = 1억 원

이에 출자를 해 준, 즉 주식을 사 준 여러분에게 감사의 의미를 담아 1억 원의 수익에서 여러분의 몫을 주기로 했다. 이번에는 30퍼센트, 즉 3000만 원을 여러분의 몫으로 정했다. 이때 여러분에게 지급된 3000만 원이 바로 배당금이다.

돈을 빌려주고 받은 이자와 출자로 얻은 배당금은 비슷해 보이지만 조금 차이가 있다.

• **이자** - 미리 정해진 금리에 따라 지급되기에 얼마를 받을 수 있을지가

정해져 있다.

- **배당** - 수익이 얼마나 나느냐에 따라 받을 수 있는 금액이 달라진다. 또한 몇 퍼센트 정도를 배당할지는 회사에 따라 다르다.

배당금 지급은 회사마다 생각이 다 다르다. 이익을 되도록 주주에게 돌려주려고 하는 회사에서는 배당금을 많이 지급한다. 한편 되도록 회사 내부에 돈을 쌓아 놓았다가 다음 설비 투자 등에 활용하고 싶을 때는 배당금을 거의 지급하지 않는 경우도 있다.

이런 배당금의 비율을 '배당 성향'이라고 한다. 기업의 규모나 업종에 따라 배당 성향은 크게 달라진다.

주식을 매매한다

싸게 사서 비싸게 판다

출자, 즉 주식의 구매를 통해 투자를 할 때는 배당금 외에도 이익을 내는 방법이 있다. 사들인 주식을 누군가에게 파는 것이다. 예를 들어 1000만 원을 주고 산 주식을 누군가에게 3000만 원에 판다면 2000만 원이라는 이익을 얻게 된다.

앞으로 가격이 오를 것 같은 주식을 싸게 산 다음 그것을 누군가에게 비싸게 판다. 이 목적으로 주식 투자를 하는 것이다. 그렇다면 어떨 때 주식의 가격이 오를까? 간단히 말하면 다음과 같다.

<u>회사의 실적이 좋아지면 그만큼 주가(주식의 가격)도 오른다.</u>

다시 한번 말하지만, 회사의 소유자는 주주다. 실적이 좋은 회사의 주식을 가지고 있다는 말은 그만큼 '가치가 있는 회사를 소

유하고 있음'을 뜻한다. 그렇기 때문에 주식 투자를 생각하는 사람은 앞으로 실적이 좋아질 것 같은 회사를 찾고자 열심히 정보를 수집한다.

이번에는 '상장^{上場}'이라는 용어를 알아보자.

매매를 통한 주식 투자를 할 때 제일 먼저 문제가 되는 것은 무엇일까? 그것은 거래를 할 상대를 찾는 일이다. 다시 한번 주식회사 굿아이디어의 경우를 생각해 보자. 여러분은 이 회사의 주식을 100퍼센트 보유하고 있었는데, 갑자기 현금이 필요해져서 주식을 팔기로 했다. 그렇다면 어떻게 해야 이 주식을 사 줄 사람을 찾을 수 있을까?

인터넷 게시판에 "주식을 팝니다!"라고 글을 올려야 할까? 아니면 SNS에? 그것도 아니면 중고 거래 사이트에?

그러면 이번에는 주식을 사는 사람의 처지가 되어서 생각해 보자. 그런 글을 읽고 주식을 사야겠다는 생각이 들겠는가? 주식회사 굿아이디어는 사람들에게 이름이 전혀 알려지지 않은 회사다. 그런 회사의 주식을 생판 본 적도 없는 사람에게서 사려고 하는 사람은 거의 없을 것이다.

그래서 누구든 주식을 부담 없이 사고팔 수 있는 시장이 만들어졌다. 그곳에서는 다양한 회사의 주식이 거래된다. 거래 상대를 찾기도 쉬우므로 자신이 가지고 있는 주식을 손쉽게 팔 수 있다. 다만 어느 회사 주식이든 모두 거래할 수 있는 것은 아니다.

"우리 시장에서는 이 회사의 주식을 취급합니다!"라는 보증을 받은 주식만 사고팔 수 있다. 그리고 이 보증을 받기 위해서는 상장 심사라는 것을 통과해야 한다. 상장 심사를 통과해야 비로소 주식 시장에서 거래할 수 있는 주식이 된다.

상장 심사는 매우 엄격하다. 상장하려는 기업을 두고 수많은 항목을 검토한다.

- 장부를 꼼꼼하게 작성하고 있는가?
- 법률을 준수하는가?
- 혹시 거짓말을 하고 있지는 않는가?
- 당장이라도 망할 수 있는 취약한 회사는 아닌가?
- 앞으로도 사업을 통해서 수익을 낼 수 있을 것 같은가?

이런 다양한 심사 항목을 통과해야 비로소 상장할 수 있다.

주식 시장에는 여러 종류가 있다. 일본에서 가장 큰 주식 시장은 도쿄증권거래소다. 이곳에서는 모두가 잘 아는 유명한 회사의 주식이 거래되고 있다. 또한 지방 거래소나 특정 업종을 중점적으로 취급하는 시장도 있다.

증권 거래소는 세계 각지에 있다. 개중에는 외국의 주식 시장에 일본의 회사가 상장되어 있는 경우도 있고, 반대로 일본 주식 시장에 외국 회사가 상장되어 있는 경우도 있다.

이처럼 증권 거래소에서 주식을 사고팔 수 있게 된 회사를 '상장 기업'이라고 부른다. 상장 기업은 대부분 다음과 같은 회사들이다.

- 지명도가 높다.
- 규모가 크다.
- 거대한 규모의 장사를 하고 있는 경우가 많다.

이런 이유로 상장 회사는 사회적인 지위가 높은 회사로 여겨진다. 분명히 '모두가 잘 아는 유명한 상장 기업에서 일하는 사람'과 '전혀 알려지지 않은 회사에서 일하는 사람'이 있으면 왠지 전자가 더 믿을 수 있는 사람처럼 느껴지기 마련이다. 사실 누가 더 유능한 사람인가는 완전히 다른 문제이지만 말이다.

어느 날 갑자기 친구에게 "사업을 시작하려고 하는데 출자 좀 해 줘!"라는 부탁을 받았을 때 선뜻 부탁을 들어줄 수 있는 사람은 그리 많지 않다. 출자, 즉 주식을 산들 친구의 사업이 좋은 결과를 낼지는 전혀 알 수 없으며, 만에 하나 친구의 회사가 망해 버리기라도 한다면 주식은 휴지 조각이 되어 버린다. 또한 도중에 현금이나 예금으로 되돌리고 싶어도 그 주식을 사 줄 사람을 찾기는 매우 어렵다.

그에 비해 상장 기업의 주식은 시장이 열려 있는 시간이라면 언제라도 살 수 있으며, 가지고 있는 주식을 팔 수도 있다. 또한 비교적 규모가 큰 기업이 많아서 금방 망하는 일도 적다. 사업 전개에 관한 자료도 잘 갖춰져 있고, 매체 보도 등을 통해 그 사업의 미래를 짐작해 볼 수도 있다.

여러분이 앞으로 주식 투자를 하게 된다면 대부분 상장 기업의 주식을 사고팔게 될 것이다.

상장을 하면 무슨 일이 일어날까?

상장하기는 어렵지만 성공하면 큰 이익을 낼 수 있다

상장 주식과 달리 주식 시장에 상장하지 않은 주식은 '비상장 주식'이라고 부른다. 비상장 주식은 다음과 같은 이유로 상장 주식에 비해 투자 대상으로서 매력이 떨어진다.

- 기업의 규모가 작고 주식의 가치가 불안정하다.
- 기업의 미래를 예측하기가 어렵다.
- 거래할 상대를 찾기도 어렵다.
- 거래 상대가 적은 까닭에 적정한 가격을 결정하기도 어렵다.

그런데 이렇게 매력이 떨어진다는 점을 거꾸로 이용해서 큰 이익을 내려고 하는 투자 방법이 있다. 예를 들어 생각해 보자.

A는 약을 연구하는 사람이다. 어떤 난치병에 듣는 특효약을 연

구하고 있는데, 이번에 큰 효과를 기대할 수 있는 신약을 개발하는 데 성공했다. 이 약이 생산된다면 전 세계에서 폭발적으로 팔려 나갈 가능성이 있다.

그러나 신약을 대량으로 생산하려면 여러 설비와 인력이 필요한데, A의 수중에는 여유 자금이 전혀 없다. 그래서 A는 회사를 새로 설립하고 신약의 생산 체제를 갖추고자 출자해 줄 사람을 모집하기로 했다. 그리고 언젠가 많은 사람이 그 회사의 주식을 살 수 있도록 증권 거래소에 상장시킨다는 목표를 세웠다.

여러분은 막대한 자금을 보유한 투자자다. 자, 여러분은 A가 만든 회사에 출자를 하겠는가, 안 하겠는가? 사실 신약 개발의 경우 안전성의 확인 등 극복해야 할 문제가 산더미처럼 많지만, 여기에서는 일단 그런 문제들을 제쳐놓고 생각하기 바란다.

지금부터 회사를 세우려 하는 것이므로 그 주식은 당연히 비상장이다. 말하자면 여러분은 A에게서 "우리 회사의 비상장 주식을 사 주십시오!"라는 부탁을 받은 셈이다. 아직 상장이 되지 않은 현재, 그 회사의 주식은 별다른 가치를 지니지 못한다. 또한 A의 사업이 성공할지 어떨지는 아무도 보증하지 못한다. A는 신약 개발의 장밋빛 미래를 이야기하겠지만, 그건 허풍일지도 모른다.

그러나 언젠가 그 회사의 사업이 크게 성공하고 엄격한 상장 심사를 통과해 상장 기업이 된다면 무슨 일이 일어날까? 상장 주식은 주식 투자를 할 때 매우 편리하고 매력적인 대상이다. 다시 말해, 상장되는 순간 주식의 가치가 엄청나게 높아진다.

앞으로 돌아가서 A가 설립하는 회사의 비상장 주식을 1억 원 어치 사들였다고 치자. 만약 그 회사의 주식이 무사히 상장에 성공한다면, 그 주식은 수억 원 또는 수십억 원, 어쩌면 수백억 원에 팔릴 수 있다. 상장의 위력은 그만큼 강력하다.

이런 투자를 하는 사람들을 '벤처 캐피털'이라고 부른다. 이들은 앞으로 성장할 것 같은 회사의 비상장 주식을 구입하고, 상장에 성공할 때까지 지원하며, 상장한 시점에 그 주식을 매각해 큰 이익을 손에 넣는다. 벤처 캐피털이 투자한 회사 중 실제로 상장에 성공하는 곳은 수십, 수백 개 중 하나 정도라는 이야기를 들은 적이 있다. 그러나 이 한 곳이 상장했을 때 얻을 수 있는 이익이 어마어마하기에 본전을 찾고도 남는다고 한다. 이것도 주식에 투자하는 방식 중 하나다.

상장을 통해 이익을 얻을 수 있는 것은 자신의 돈으로 회사를 세웠을 때도 마찬가지다. A는 결국 출자를 받지 않고 자신의 힘으로 돈을 마련해 회사를 시작했다. 그 회사의 사업은 순조롭게 성장했고, 무사히 상장에 성공했다. 상장 후 A는 자신이 가지고 있던 회사의 주식을 시장에서 매각해 큰 이익을 봤다.

이런 경우를 '창업자 이익'이라고 부른다. A는 스스로 자금을 마련해 사업을 시작했고, 자신의 힘으로 성장시켜서 상장에 성공했다. 그 결과 처음에 자신의 힘으로 만들어 낸 주식이 막대한 가치를 지닌 자산으로 탈바꿈한 것이다.

이렇게 말하면 상장이 좋은 점만 있는 것처럼 보일지도 모른다. 그러나 실제로는 그렇다고만 할 수 없다. 특히 사업을 경영하는 처지에서는 상장을 하면 신경 쓸 일이 한두 가지가 아니다. 시장에 주식이 유통된다는 것은 다양한 사람이 그 회사의 주식을 구입할 수 있다는 뜻이다. 2장에서 살펴봤듯이, 주주는 강력한 권한을 지닌다. 그리고 대부분의 주주는 참을성이 별로 없다. 경영자로서는 좀 더 천천히, 진득하게 사업을 펼쳐 나가고 싶은데 주주들로부터 "더 빨리 성과를 내시오!", "주가가 떨어졌지 않소. 어떻게 할 거요!", "배당을 늘리시오!", "당신 같은 사람은 경영자로서 실격이야. 해고하겠소!" 같은 말을 들을 수도 있다.

그래서 최근에는 비상장으로 변경하는 상장 기업도 늘어나고 있다. 상장했던 주식을 정해진 절차를 거침으로써 비상장 주식으로 되돌리는 것이다.

이와 같이 주식 투자 한 가지를 살펴봐도 사람마다 처지가 다 다르다는 것을 알 수 있다.

크라우드펀딩이라는 새로운 출자

꿈이나 아이디어를 팔자!

지금까지 '출자=주식 구입'이라는 데 중점을 두고 이야기했다. 그리고 주식에는 비상장 주식과 상장 주식이 있으며, 투자 대상으로서는 상장 주식이 더 매력적이라는 것까지 설명했다. 이번에는 최근 사람들의 관심을 끌고 있는 '크라우드펀딩crowd funding'이라는 새로운 출자 형태를 소개하겠다.

세상에는 별별 아이디어를 가진 사람이 많다. 그러나 지금까지는 그런 아이디어 중 대부분이 빛을 보지 못하고 그 사람의 머릿속 생각으로 끝났다. 아무리 재미있는 아이디어여도 그 아이디어를 많은 사람에게 알리고 투자를 받을 수 있는 곳이나 기회가 없었던 탓이다.

그런데 IT 기술의 발전이 그런 상황을 크게 바꿔 놓았다. 인터넷을 활용하면 수천, 수만 명이나 되는 사람에게 자신의 아이디어를 쉽게 소개할 수 있다. 그렇게 해서 낳은 사람에게 출자를 받아 사업을 벌이고, 사업이 무사히 성공하면 출자를 해 준 사람들에게 어떤 형태로 사례를 한다.

이렇게 자금을 모으는 방법을 크라우드펀딩이라고 한다. 기존의 출자와는 조금 다르지만, 사업에 자금을 댄다는 점에서는 똑같다.

크라우드펀딩의 특징은 출자하는 금액의 단위가 매우 적다는 것이다. 1만 원 같은 단위로 자금을 모으는 경우도 있다. 그래서 아주 적은 금액으로 투자를 할 수 있는 재미있는 방식이기도 하다. 또한 크라우드펀딩에서 취급하는 상품이나 서비스 중에는 매우 독특한 것이나 시대를 앞선 것들이 많다. 앞으로 어떤 것이 유행할지 예상해 본다는 의미에서 훑어보기만 해도 굉장히 재미있다.

다만 크라우드펀딩은 엄밀한 의미에서의 출자, 즉 주식 투자와는 다르다. 출자자가 얻을 수 있는 것은 '상품이 실현되었을 때 우선적으로 구입할 권리'라든가 '영화 작품의 시사회에 초대받을 권리' 등일 경우가 많으며, 배당금이나 주식의 매각을 통한 수익 획득은 불가능한 경우도 많다.

그러나 크라우드펀딩이 새로운 자금 조달 수단으로서 뿌리를 내리기 시작한 것은 사실이다. 여러분도 크라우드펀딩을 검색해서 어떤 것이 투자 대상이 되고 있는지 살펴보기 바란다. 그리고 무엇인가 재미있는 사업 소재가 떠올랐다면 이런 자금 조달에 도전해 보는 것도 좋다.

M&A란 무엇일까?

회사 자체를 사고팔 수 있다

주식 투자와 관련해 알아 둬야 할 것이 또 한 가지 있다. 바로 M&A다. M은 '합병mergers', A는 '인수acquisitions'라는 의미다.

일반적인 사업의 경우는 회사가 어떤 상품이나 서비스를 만들어 내고 그것을 사고판다. 그런데 M&A의 세계에서는 회사 자체를 사고판다. 예를 들어 생각해 보자.

A라는 회사는 건설 사업을 하고 있다. 지금까지 주로 대형 빌딩의 건설을 맡아 왔는데, 새롭게 주택이나 소형 빌딩 건설에도 뛰어들려 한다. 건설 현장을 늘리면 자재를 사들이고 가격을 흥정하는 일이 좀 더 원활해지리라고 생각한 것이다.

그러나 A사는 주택이나 소형 빌딩 건설에 대한 기술이 부족했다. 그래서 시장 조사를 한 결과, B라는 회사가 매우 뛰어난 노하우를 가지고 있다는 걸 알게 되었다. 이에 A사는 B사의 주식을 모두 사들이기로 결정했다.

A사가 B사의 주식을 몰아서 사들인다는 것은 B사의 소유권을 가진다는 의미로, B사를 인수한다는 말이다. A사는 인수한 B사의 우수한 사원과 기술을 활용해 새로운 시장에 뛰어들 수 있다.

이와 같이 최근에는 회사 자체를 사고파는 일이 드물지 않게 되었다. 앞에서 든 사례는 '인수'라는 것이고, 그 밖에 '합병'이라는 방법도 있다. 두 회사가 별개로 존재하는 인수와는 달리, 합병은 A사 속에 B사가 흡수되는 것이다.

M&A라고 하면 예전에는 굉장히 큰 회사들만 하는 거래였는데, 최근 들어 중소기업으로도 확산되었다. 인터넷에서 M&A를 검색해 보면 꽤 많은 중소기업이 매물로 나왔음을 알 수 있다. 매물로 나오는 이유는 다양하다.

- 자금이 떨어져서 더 이상 경영할 수 없다.
- 실적은 좋지만 후계자가 없어서 사업을 계속 이어 나갈 수 없다.
- 외국으로 이주하게 되어 회사를 팔고 싶다.

매매 금액도 다양해서 싼 것은 몇천만 원 정도에 거래된다. 몇천만 원은 충분히 큰돈이지만, 경우에 따라서는 매우 값싼 매물일 수도 있다. 그 회사가 보유한 다음과 같은 재산을 손에 넣을 수 있기 때문이다.

- 기존 고객
- 기술과 정보
- 우수한 사원
- 신뢰

매물로 나온 중소기업 중에는 '진흙 속의 진주' 같은 곳도 있을지 모른다. 그러나 중소기업의 가치를 좌우하는 것은 사람이다. 알지도 못하는 회사를 무작정 사 놓고 금방 성과가 나기를 기대하는 것은 조금 안일한 생각이다. 실제로 회사를 사서 잘 경영하려면 사는 사람에게도 크나큰 역량이 필요하다.

그렇더라도 M&A 사이트를 구경하는 것은 공짜다. 세상을 배우는 기회가 되니 한 번쯤은 구경해 보기 바란다.

한편 인수나 합병과는 반대로 기업이 여러 가지 이유로 사업 부문을 분리하는 경우도 있다. 이것을 '회사 분할'이라고 한다. 부동산업과 요식업을 함께 경영하던 기업이 요식업 부문만을 잘라내서 따로 회사를 만드는 식이다.

회사 자체를 사고파는 거래는 앞으로도 늘어날 것으로 보인다. M&A를 자세히는 아니더라도 대강이라도 알아 놓으면 경제 뉴스를 볼 때 이해가 잘될 것이다.

또한 기업을 사고파는 일이 늘어나는 데에는 인구 감소와 저출산·고령화에 따른 후계자 부족, 산업 구조의 변화 등 매우 커다란 문제가 숨어 있다. 이 분야에 관한 지식을 알아 두면 좀 더 높은 수준에서 사회를 바라보고 이해할 수 있다.

리스크를 좋은 쪽으로 이끄는 기술,
'자기 투자'

투자는 리스크가 따르기 때문에 반드시 좋은 결과를 낼 수는 없다. 그러나 좋은 결과를 낼 가능성이 많은 기술은 있다. 여기에서는 내가 경험해 본 결과 여러분에게 알려 주면 좋겠다고 생각한 것을 소개하겠다.

○ 회계학(장부 쓰는 법)

현대 사회에서 돈과 전혀 관계없는 삶을 살기는 어렵다. 회계학은 돈이 어떤 흐름을 보이는지 한눈에 알 수 있는 기술이다. 기본 개념 정도라도 공부해 두는 것이 좋다. 자신이 공부하고 있는 지식과 결합시키면 사업할 때 대응력을 높일 수 있다.

○ 독서

동서고금을 막론하고 수많은 위인이 독서의 중요성을 강조해 왔다. 특히 장르에 구애받지 말고 읽을 것을 권한다. 재미있어 보이는 책이 있으면 대충이라도 좋으니 읽어 보기 바란다.

○ 종교나 철학

'불안정한 시대'라는 말이 나온 지도 한참 되었는데, 사실 어떤 시대에든 인간은 어떻게 살아가야 할지 몰라 방황했다.

종교나 철학이라고 하면 거부감을 느끼는 사람도 많을 것이다. 그러나 종교와 철학은 인생을 살아가는 지침을 만들어 준다. 사실 우리는 스스로 의식하지 못하는 사이에 생활 속 다양한 곳에서 늘 종교나 철학의 영향을 받고 있다고 해도 틀린 말은 아니다.

실제로 신앙을 갖지 않더라도, 종교나 철학을 공부하는 것은 앞으로 세상을 살아가는 데 매우 중요한 일이라고 생각한다. 그리고 종교나 철학을 공부하다 보면 '자신도 모르게 얽매여 있었던 것'을 깨닫고, 그 속박에서 벗어날 수 있다. 또 '받아들이고 싶은 것'이 있으면 받아들일 줄 알게 된다. 그것만으로 충분하다.

○ 몸

인간은 수많은 버릇과 습관을 가지고 살아간다. 그런 버릇과 습관은 우리의 행동 패턴이나 사고방식에 매우 커다란 영향을 미친다. 자신의 버릇과 습관을 깨닫기만 해도 많은 부분에서 편해지고 새로운 세상에 눈을 뜨게 되는 경우가 많다.

깨닫기 위한 방법은 다양하다. 나는 노래, 연기, 무술 등을 통해 내 몸과 마주하는 시간을 갖는다. 내가 몸에 대해 공부하기 시작한 것은 서른을 넘기고 나서부터다. 벌써 10년 이상이 흘렀는데, 최근 몇 년 동안 '지금이 내 인생에서 가장 활발하게 움직일 수 있는 시기'라고 느끼고 있다. 만약 몸 컨디션이 좋지 않은 상태로 지냈다면 지금처럼 인생을 즐겁게 살지는 못했을 것이다. 부디 여러분의 몸이 신호로 보내는 쾌감이나 불쾌감을 잘 알아차리기를 바란다.

○ 비영리 조직이나 취미 활동

이 책에서는 돈과 관련된 '투자'를 다루고 있지만, 세상일은 돈만 있으면 무엇이든 해결할 수 있는 것이 아니다. 지역 주민들과 힘을 모으거나 행정 기관과 협력하는 등 많은 사람 또는 조직의 힘을 빌려야 해결할 수 있는 일도 무척이나 많다.

비영리 조직(자원봉사 단체)이나 취미 활동 모임은 그런 사실을 공부하기에 매우 좋은 기회다. 돈으로 해결할 수 없는 만큼, 어떤 의미에서는 회사를 운영하는 것보다 더 어렵기도 하다. 저마다 뜨거운 열정을 품고 모이는 사람들을 어떻게 이해시켜 서로 방향을 맞추고 활발하게 활동하도록 이끌 것인가. 이것은 그 사람이 일을 꾸미거나 치러 나가는 재간에 달려 있다.

앞에서 이야기했듯이, 나는 시민 활동에 참여하면서 다양한 기술과 지식을 배웠다. 여러분도 무엇인가 흥미를 느끼는 활동이 있다면 적극적으로 참여해 보기 바란다.

선물 거래

과연 위험한 거래의 대명사일까?

　지금까지 부동산, 대부, 출자라는 대표적인 투자 방법을 살펴 봤다. 그 밖에도 다양한 투자 상품이 있는데, 그중 대표적인 것을 몇 가지 소개하겠다.

　가장 먼저 살펴볼 것은 선물 거래다.

　투자로서의 선물 거래는 매우 역사가 깊은데, 쉽게 말하면 '장 래에 이 가격으로 그 상품을 매매할 권리'를 거래하는 것이다. 예 를 통해 알아보자.

> • 지금으로부터 반년 뒤에 쌀을 1킬로그램당 1만 원에 구입하기로 예약 한다.

　여러분이 쌀 100킬로그램을 예약했다고 하자. 그리고 반년이

151

지나 쌀이 1킬로그램당 1만 2000원에 거래가 되고 있다. 시중에서 1만 2000원에 거래되고 있는 쌀 1킬로그램을 여러분은 1만 원에 살 수 있는데, 100킬로그램을 예약했으므로 그 쌀을 전부 팔면 20만 원의 이익을 낼 수 있다.

물론 반대 상황도 있을 수 있다. 예를 들어 반년 뒤에 쌀이 1킬로그램당 7000원에 거래되고 있어도 여러분은 반년 전에 예약한 대로 1킬로그램당 1만 원에 100킬로그램을 사야 한다. 1킬로그램당 3000원씩 손해를 보니 100킬로그램이면 30만 원을 손해 보게 된다.

본래 선물 거래는 사업상의 보험으로 이용되었다. 쌀을 예로 들면, 반년 뒤에 쌀이 대량으로 필요하다고 가정하자. 그러나 그 시점에 쌀을 얼마에 살 수 있을지는 알 도리가 없다. 그리고 쌀 가격을 모르면 어떻게 사업을 해 나갈지 계획을 세우기가 어려워진다. 이럴 경우 미리 1킬로그램당 1만 원에 100킬로그램의 쌀을 사기로 예약을 해 놓으면 일단 미래를 예측하기가 쉬워진다. 선물 계약은 그런 안도감을 얻기 위해 이용되었다.

선물 거래는 주로 쌀이나 콩, 과일 같은 식량이나 금속, 원유 같은 생활필수품을 대상으로 한다. 선물 거래의 유래가 사업상의 보험인 까닭에 많은 사람이 거래하는 생활필수품이 그 대상이 되었던 것이다. 이러한 식량이나 귀금속, 연료 등이 매매되는 상황을 '상품 시황'이라고 부르기도 한다.

다만 현재는 상품을 중심으로 한 선물 거래가 생활필수품의 확보를 위한 보험이라기보다 하이 리스크 하이 리턴의 도박 같은 투자로 여겨지고 있다. 무턱대고 손을 댔다가는 낭패를 보게 되지만, 그 동향에 관해서 알아 두면 여러모로 도움이 된다.

선물 거래를 살펴보면 다양한 사람들의 기대가 드러난다. 밀을 두고 앞으로 거래 가격이 비싸질 것으로 예상해 선물 거래가 늘어났다고 가정하자. 이것을 조금 다르게 표현하면, '장래에 밀의 가격이 급등할 거야.'라고 생각하는 사람이 있는가 하면 '밀의 가격을 끌어올려서 한몫 챙기자.'라고 생각하는 사람들도 있다는 뜻이다. 이 말은 '비싸질 테니 미리 구입할 권리를 챙겨 놓자.'가 아니라 '비싸지도록 부추기자.'인 것이다.

또한 상품 시황에는 세계 경제 상황도 크게 관여한다. 21세기에 들어오면서 지금까지 개발도상국으로 불렸던 나라들의 경제가 크게 성장했다. 대표적인 나라가 중국인데, 지금은 중국의 경제 성장이 세계 경제의 앞날을 좌우한다고까지 이야기되고 있다. 경제가 풍요로워지면 사람들은 다양한 것을 원하게 된다. 그 결과 식료품이나 귀금속, 그리고 석유 같은 연료의 가격이 상승한다. 2010년을 전후로 이런 경향이 두드러졌다.

그러나 2015년 무렵부터는 중국 경제의 미래를 불안해하는 의견도 늘어났다. 또한 그전까지는 석유 생산이 주로 중동 지역에 몰려 있었는데, 미국에서 어마어마한 양의 셰일 가스를 추출해

내면서 상황이 크게 바뀌었다. 이를 '셰일 가스 혁명'이라고 부른다. 간단히 말하면 이전처럼 석유가 희귀한 자원이 아니게 된 것이다.

이런 사정 등으로 상품 시황이 예전만큼 활황세를 띠지는 못하고 있는 듯하다. 다만 세계적으로는 아직도 인구가 계속 증가할 것으로 예상되고 있으며, 이에 따라 상품에 대한 수요가 지속적으로 증가하면 자원 쟁탈전이 벌어질 것이라는 전망도 있다.

선물 거래 시장은 이와 같은 사람들의 생각을 이해하는 데도 좋은 교재가 된다. 실제로 선물 거래에 손을 댈 필요는 없지만, 현재 어떤 상품의 가격이 어떤 움직임을 보이고 있는지 알아 둬서 손해 볼 일은 없을 것이다.

옵션 거래

사람의 심리에 가격을 붙여라!

옵션 거래는 앞서 다룬 선물 거래와 친척 관계다. 앞에서 들었던 예를 통해 둘을 비교해 보자.

- **선물 거래** - 반년 뒤에 1킬로그램당 1만 원에 쌀을 사기로 예약한다.

이 경우에는 반년 뒤에 1킬로그램당 가격이 7000원이라고 해도 1만 원에 쌀을 사야 한다.

- **옵션 거래** - 반년 뒤에 1킬로그램당 1만 원에 쌀을 살 수 있는 권리를 500원에 산다.

이 경우는 권리를 구입한 것이다. 반년 뒤에 1킬로그램당 가격이 1만 2000원이 되었다면, 1만 2000원－1만 원－500원(옵션 거래 분)=1500원의 이익을 본다. 500원은 권리를 구입하기 위해 사용한 비용이므로 돌려받지 못한다.

그리고 만약 쌀값이 7000원이 되었다면, "이 권리는 쓰지 않겠다!"라며 포기할 수 있다. 이 경우 발생하는 손실은 선물 거래일 때와 달리 1킬로그램당 500원으로 한정된다.

선물 거래 자체가 보험으로서 발생한 방법이었는데, 옵션 거래는 그 보험의 보험으로서 발생한 투자 방법이다. 이 옵션 거래의 핵심은 500원이라는 거래 가격의 결정이다. 이 가격을 결정하는 데는 '금융 공학'이라고 부르는 학문이 필요하다. 흥미가 있다면 공부해 보기 바란다.

하나만 말해 두자면, 옵션 거래에서는 '변동성volatility' 지수가 매우 중요하다. 이것은 '아마도 가격이 이 정도는 변동하지 않을까?'라는 모두의 생각을 수치화한 것이다. 따라서 시장의 변동이 클 것으로 예상하는 사람이 많으면 그만큼 변동성 지수가 높아진다.

옵션 거래는 선물 거래 이상으로 복잡하다. 쉽사리 손을 대서는 안 되지만, 역시 사람의 심리를 공부하는 데는 매우 좋은 교재가 된다.

외화 투자

돈의 힘은 국가의 힘에서 나온다?

이제 외화 투자를 살펴보자. 여러분도 사회 시간에 이미 배웠겠지만, 돈 또한 가치가 변동된다. 뉴스에서도 매일 "오늘의 환율은 1달러에 1120원입니다." 같은 환율 뉴스가 흘러나온다.

1달러에 1000원일 때 100달러, 즉 10만 원어치를 환전해 놓는다. 그리고 1달러가 1200원이 된 시점에 다시 원화로 바꾸면 12만 원이 된다. 이것이 외화 투자의 기본적인 개념이다.

1달러가 1000원일 때와 1달러가 1200원일 때, 원화의 힘이 강한 것은 어느 쪽일까? 정답은 1달러가 1000원일 때다. 같은 1달러를 손에 넣기 위해 1000원이 필요한 경우와 1200원이 필요한 경우, 당연히 1원의 가치가 다르다. 더 적은 원화로 달러를 살 수 있을 때가 원화가 강한 상태인 것이다.

외환 시장의 기본은 국력이다. 앞으로 힘이 강해질 나라의 돈은 강해지며, 쇠퇴할 나라의 돈은 약해진다. 일본 금융 투자의 세계에는 '유사시에는 엔화와 금'이라는 말이 있다. 어딘가에서 대규모 전쟁이 일어날 것 같으면 다들 비교적 안정도가 높다고 알려진 엔화와 금을 사 놓는다. 이때 엔화를 사는 사람이 늘어나므로 엔화 강세가 된다. 실제로 금융 투자를 하는 사람들 중에는 엔화가 안전 자산이라고 생각하는, 즉 일본이라는 나라가 안전하다고 생각하는 사람이 일정하게 존재한다.

이와는 반대로 세계 경제가 좋은 상태에 있다고 생각될 때는 엔화를 팔아서 다른 외화를 사는 사람이 늘어난다. 다시 말해 엔화 약세가 된다. 금리가 낮은 엔화를 팔아서 금리가 높은 달러를 사면 이익을 낼 수가 있다.

일단 여기까지는 이론대로 설명한 것이다. 그러나 외환의 세계에서는 때때로 이론을 뛰어넘어 가격이 크게 요동치기도 한다. 특히 어떤 나라의 신용이 불안하면 상상을 초월하는 변동이 일어나곤 한다. 이것은 엔화도 마찬가지다. 최근 일본의 신용도가 예전보다 하락했다는 지적이 있다. 방대한 국가 채무와 세계적으로도 보기 드문 저출산·고령화 등으로 엔화의 가치가 폭락할 가능성이 있다고 분석하는 사람도 늘어났다. 그러나 한편으로는 일본의 재정이 아직 안전하다고 분석해 엔화의 가치가 유지된다고 생각하는 사람들도 있다.

경제학이라고 하면 '굉장히 명료한 학문'이라고 생각된다. 그러나 실제로는 명료하지 않은 부분도 많다. 결국 '그 사람이 무엇을 믿고 있는가?', '대다수의 사람이 어떻게 판단하는가?'와 같이 감정이나 분위기에 좌우되는 경우도 드물지 않다. 화폐의 가치 변동이 그 대표적인 예라고 할 수 있다. "세계의 정세가 이러하니까 환율은 이렇게 변동할 거야!"라고 단언할 수 있을 만큼 알기 쉽게 변동하지는 않는다.

한편 최근에 사람들의 관심을 끌게 된 외화 투자 방법으로 'FX'라고 부르는 것이 있다. 이것은 외화 투자와 선물 거래를 부분적으로 결합한 방법이다. 리스크와 리턴의 관계를 비교적 쉽게 조절할 수 있어서 인기를 모았다. 그러나 투자를 손쉽게 할 수 있다 보니 손실을 본 사람도 꽤 많았다. 또한 FX와는 다르지만 '가상 화폐'라고 부르는 투자 대상도 일반화되었다.

돈이 돈을 낳는다. 외환 시장은 이런 금융 투자의 특징이 가장 잘 나타나는 곳이다.

투자 신탁과 랩어카운트

직접 투자가 번거롭다면 전문가에게 맡기자

지금까지 금융 투자의 방법을 몇 가지 살펴봤는데, 왠지 좀 번거롭다는 생각이 들지 않는가? '투자를 하려면 이렇게 많은 걸 고려해야 하나?'라는 생각에 머리가 아플지도 모른다.

또한 개인의 돈으로 할 수 있는 투자에는 한계가 있다. 부동산에 투자하려면 거액의 자금이 필요한데, 그렇다고 해서 빚을 지면서까지 부동산을 살 생각은 들지 않는다. 그렇다면 적은 금액만으로 부동산 투자에 도전해 볼 수는 없을까? 최근 들어 이런 바람을 가진 사람이 늘어났다.

이와 같은 상황에서 유행하기 시작한 것이 투자 신탁이다. 투자 신탁의 특징은 다음과 같다.

○ 기본적인 운용은 전문가가 담당한다

여러분이 직접 복잡한 판단을 할 필요는 없다. '주식에 투자하고 싶다', '부동산에 투자하고 싶다' 같은 커다란 방침만 정하면 자세한 방법은 전문가가 생각한다. 그 대신 전문가는 여러분이 낸 돈의 일부를 보수로 가져간다.

○ 많은 사람에게서 돈을 모아서 운용한다

한 명이 맡긴 돈은 그리 많지 않더라도 사람이 많이 모이면 금액이 커진다. 그렇게 해서 자금을 모아 개인이 하기 힘든 투자를 실행한다.

10여 년 전부터 투자 신탁의 판매가 널리 보급되어 왔다. 또한 최근에는 투자 신탁의 판매 창구가 확대되고 있다. 은행 창구에서도 투자 신탁을 살 수 있게 되었으며, 종류도 다양해지고 있다.

그러나 한편으로는 손쉽게 살 수 있게 된 탓에 그 내용을 제대로 알지 못한 채 샀다가 큰 손실을 보기도 한다. 투자 신탁은 여러 투자 대상이 조합된 경우도 많으며 전문가가 운용을 대행하므로 구입한 사람으로서는 가격이 변동한 이유를 알기가 어렵다.

번거로운 것이 너무나 싫은 사람을 위한 또 다른 투자 방법으로 랩어카운트wrap account가 있다. 이것은 정말로 돈을 맡겨 두기만 하면 된다. 나머지는 은행이나 증권 회사의 전문가가 투자 대상을 비롯해 모든 것을 선정해서 운용한다. 예전에는 돈이 많은 사람들만을 고객으로 삼았지만, 최근에는 소액의 랩어카운트도 늘어났다.

하지만 투자 신탁이든 랩어카운트든, '전문가가 운용하고 있으니 걱정할 필요 없어.'라고 안일하게 생각해서는 안 된다. 미국의 경제학자인 버턴 말킬이 쓴《랜덤워크 투자수업》이라는 유명한 책이 있다. 이 책에는 다음과 같은 투자 실험이 소개되어 있다.

- 운용 전문가가 종목을 선정한 투자
- 원숭이가 다트를 던져서 종목을 고른 투자

실험 결과, 이 두 가지의 투자 성과에는 큰 차이가 없었다. 미래를 환히 보는 예지가 불가능한 이상 아무리 투자에 정통한 사람이라도 안정적으로 이익을 내기는 어려운 법이다. 또한 전문가에게 운용을 맡기면 수수료를 내야 한다는 점도 기억하자.

자신의 적성에 맞는지 판단한다

알고 있는 것과 실제로 투자하는 것은 다르다

지금까지 소개한 것 말고도 다양한 금융 투자 방법이 있다. 그 것은 대부분 다음과 같은 성향을 가지고 있다.

- 하이 리스크 하이 리턴을 노리는 상품이 많다.
- 투자 방법이 점점 복잡해지고 있다.

투자 방법이 복잡하다는 말은 바꾸어 말하면 이와 같다.

무슨 일이 일어날지 아무도 알 수 없다.

2007년 무렵에 전 세계는 '서브프라임 위기'라는 소동에 휩싸 였다. '서브프라임 모기지 론'이라는 주택 담보 대출과 관련된 금

163

융 투자에서 큰 손실이 발생해, 미국에서는 몇몇 대형 투자 기관이 도산하기까지 했다.

이때 문제가 된 것은 이 서브프라임 모기지 론과 관련된 금융 상품이 지나치게 복잡했다는 사실이다. 대체 어디에서 어느 정도 손실이 발생했는지 아무도 그 실태를 알지 못하는 비정상적인 사태가 벌어진 것이다. 투자 전문가라는 사람들이 우왕좌왕하는 동안, 하룻밤 사이에 수천억에서 수조 원에 이르는 손실이 수면 위로 드러났다. 여러분이 시험 범위를 모른다면 시험공부를 하고 싶어도 무엇을 공부해야 할지 알 수가 없기 마련이다. 그런데 투자 전문가들도 실제로는 그 수준으로 허술하게 금융 투자를 하는 경우가 많았던 것이다.

만약 여러분이 금융 투자를 하려 한다면 반드시 다음과 같은 상품에 투자할 것을 권한다.

설명을 들어 보고 제대로 이해했으며 수긍할 수 있는 상품

금융 투자에는 적성 문제도 있다. 나는 이 책에서 소개한 투자 방법 가운데 주식 투자, 선물 거래, 옵션 거래, 외화 투자 등을 닥치는 대로 해 봤다. 생활에 필요한 자금은 마련해 놓은 상태에서 이것도 공부라는 생각으로 도전해 봤다.

결론은 내가 금융 투자에는 소질이 없다는 사실을 확실히 알았다는 것이다. '아, 나는 정말 소심하기 짝이 없는 사람이구나.'라는 것을 뼈저리게 느꼈다. 주가나 선물 거래, 환율의 변동이 신경 쓰여서 밤에 자다가도 몇 번이나 깨기 일쑤였다. 이러다가는 건강을 해치겠다는 생각이 들어 어느 정도 이익을 확보한 시점에 모든 투자를 처분하기로 했다.

앞에서 다양한 금융 투자 방법을 소개했지만, 이런 투자 방법들을 이해한 상태에서 '역시 투자는 하지 않는 게 좋겠어.'라고 결론을 내리는 것도 훌륭한 판단이다. 그러나 실제로 금융 투자를 해 보는 것도 자신을 좀 더 깊게 이해할 수 있는 길이다.

왜 금융 경제의 속성을 알아야 할까?

거대한 힘에 마구 휩쓸리지 않으려면

세계 경제에서 금융이 차지하는 위치를 살펴보자. 세계에는 두 가지 경제가 있다. 실물 경제와 금융 경제다. 이 책 2장에서 소개한 것이 실물 경제이고, 3장에서 소개하고 있는 것이 금융 경제다.

그러면 문제를 하나 내겠다. 실물 경제와 금융 경제 중 더 많은 돈이 움직이고 있는 곳은 어느 쪽일까?

정답은 금융 경제다. 실물 경제의 몇 배에서 몇십 배까지 된다고 알려져 있다.

우리가 살아가는 데 기초를 이루는 여러 가지 물건은 수많은 사람이 다양한 사업을 하는 가운데서 만들어진다. 도로, 학교, 먹을거리, 옷, 신발 등이 그런 것이다. 그런데 이런 실물 경제의 몇십 배나 되는 정도로 '돈이 돈을 낳기 위한 경제', 즉 금융 경제가 존재하는 것이다. 지금 이 순간에도 보이지 않는 돈이 우리의 머리 위를 정신없이 날아다니고 있다.

앞에서 금융 투자를 할지 말지는 개인의 적성에 따라 판단해도 좋다고 말했다. 그러나 금융 경제를 모르는 것은 바람직한 일이 아니다. 사람들의 심리가 시장을 움직인다는 이야기를 몇 차례 했는데, 금융 시장 전체가 그렇다고 할 수 있다. 거대한 자본의 생각 하나가 우리의 생활을 크게 바꿔 놓는다.

생활이 어려워졌다고 남에게 불만을 털어놓는 것은 쉬운 일이다. 그러나 자기만의 중심을 갖고 남의 생각에 좌우되지 않는 삶을 살고자 한다면 금융 경제를 나 몰라라 하는 게 상책은 아니다.

그리고 실제로 금융 투자를 할 때 반드시 알아 둬야 할 것이 한 가지 있다.

개인 투자자는 절대로 거대 자본을 이길 수 없다.

주식을 살 때를 생각해 보자. 여러분과 거대 자본이 동시에 어떤 회사의 주식을 사려고 한다면 반드시 거대 자본이 더 유리한 조건으로 주식을 살 수 있다. 현대의 금융 투자에서는 거대 자본이 초고속 컴퓨터를 이용해 시장을 마음대로 움직이고 있다. 게임으로 치면 이쪽이 한 번 할 때 상대는 열 번, 스무 번 하는 것과 같다. 그런 탓에 싸우는 횟수가 늘어날수록 패배만 쌓인다.

그렇다면 개인은 금융 투자를 할 필요가 없을까? 그렇다고 말할 수는 없다. 일반적으로, 개인 투자자는 장기간에 걸쳐 투자를 하는 편이 유리하다고 한다. 단기간의 싸움에서는 질 수밖에 없지만, 긴 시간을 들여서 계속 싸우면 승리할 수 있다는 것이다.

거대한 자금을 운용하는 전문 투자자는 항상 일정 기간 단위로 성과를 내야 한다. 그러지 못하면 전문가로서 자격이 없기 때문이다. 반면 개인이 직접 투자를 할 경우에는 그런 압박감을 받지 않는다. 10년, 20년이라는 기간에 걸쳐 느긋하게 투자할 수도 있다. 장기 투자가 유리하다는 것은 개인 투자의 세계에서 자주 나오는 이야기다. 하지만 절대적으로 맞는 말이라고 할 수는 없다.

- 장기간에 걸쳐 금융 투자를 함으로써 얻을 수 있을 이익
- 장기간에 걸쳐 금융 투자를 함으로써 받는 엄청난 스트레스

나는 이 두 가지를 비교했을 때 후자를 없애는 것이 더 중요하다는 결론을 내렸다. 사실은 지금도 다른 형태로 투자를 계속하고 있지만, 그 투자 때문에 스트레스를 받지 않도록 최대한 신경 쓰고 있다.

좀 더 젊을 때 금융 투자를 공부해 보는 것은 매우 가치 있는 일이다. 다시 한번 말하지만, 검토해 본 다음 투자를 하지 않겠다고 결정하는 것도 훌륭한 판단이다. 그러니 여러분도 이 책을 통해 금융 투자를 한 번은 공부해 보기 바란다.

인공지능이 투자를 더 잘할까?

인간은 정에 휩쓸리기도 하고, 뜻밖에 어리석기도 하다

금융 투자를 이야기할 때 꼭 짚고 넘어가야 할 것이 또 있다. 바로 인공지능이다. 금융 투자에 인공지능을 이용하는 이유는 '풍부한 인간성'이 투자 실적에서 마이너스로 작용할 수 있기 때문이다.

이것도 유명한 실험인데, 사람들을 모아서 투자를 하고 그 결과를 비교했을 때 우수한 결과를 낸 사람 중에는 공감성이 결여된 듯한 사람이 적지 않았다고 한다. 상대에게 공감하지 않고 냉철하게 자신의 이익만을 추구하는 사람이 좋은 투자 성과를 냈다는 의미다. 그런 성향을 지닌 사람을 부르는 의학적 용어들이 있는데, 비교적 유명한 용어로는 사이코패스를 들 수 있다.

인간관계라는 관점에서 생각하면 공감성 결여는 큰 문제가 된다. 그러나 투자 운용의 세계에서는 그런 사람이 더 좋은 결과를 내기도 한다는 것이다.

인공지능은 인간적인 감정에 휘둘리지 않고 냉철하면서도 합리적으로 최적의 투자 방법을 찾아낼 수 있다. 그 때문에 인공지능의 발전은 금융 투자와 큰 관련이 있다. '어떻게 해야 좀 더 효율적으로 수익을 낼 수 있을까?'라는 인간의 멈출 줄 모르는 욕망이 인공지능의 발전을 뒷받침하고 있다고도 할 수 있다.

물론 그런 이유에서만 인공지능의 연구가 이루어지고 있는 것은 아니다. 인공지능 연구를 하는 가운데 '인간이란 무엇인가?'라는 질문을 새롭게 던지는 사람들도 있다. 그런 흐름 속에서 '종교와 철학' 또는 '몸'에 관해 연구하는 사람도 많아졌다.

또한 인공지능의 발전은 '인간과 똑같은 능력을 지닌 지능을 만들어 내는 것'과는 다르다는 의견도 늘어났다. 인간에게는 인간의 장점이 있고 인공지능에게는 인공지능의 장점이 있으며, 각각 서로를 보완하면서 발전해 나간다. 이것이 인공지능의 목적이라고 생각한다.

재해 현장에서의 대응을 예로 들어 보자. 평균적인 공감 능력을 가진 인간이라면 눈앞에서 일어나고 있는 끔찍한 상황이나 개인적인 감정 때문에 판단이 흔들릴 수밖에 없다. 이에 비해 인공지능은 이런저런 사정에 이끌리지 않고 좀 더 효율적으로 구조 활동을 펼칠 가능성이 높다.

세계적으로 높은 평가를 받고 있는 기업 경영자 중에는 공감성이 떨어지는 사람이 적지 않다고 한다. 남의 의견에 동조하고 분위기를 잘 파악하는 유형은 대기업을 경영하기가 쉽지 않을 것이다. 여러분 주위에도 '분위기 파악도 안 되고 도움도 안 되는 사람'이 있을 것이다. 혹은 자신에게 그런 성향이 있다는 걸 어렴풋이 느끼는 사람도 있을지 모른다. 그런 사람들도 알맞은 위치에 있으면 엄청난 성과를 낼 수 있다.

여러분은 '트리아쥬^{triage}'라는 말을 아는가? 재해 현장에서 구급대원이 구조가 필요한 사람에게 붙이는 환자 분류 체계다. '이미 늦었음', '즉시 조치를 취하면 살릴 수 있음', '아직은 괜찮으니 조금 기다리게 하고 다른 사람부터 구조함' 같은 우선순위 분류를 그 자리에서 판단 내리는 것이다. 구급·구명이라는 극한의 현장에서는 '상대를 어떻게든 돕는다.'라는 의지와 함께 '얼마나 효율적으로 움직일 것인가?'라는 합리성도 요구된다. 그런 이유에서 트리아쥬라는 개념이 나왔다고 한다.

생명을 다루는 의료 현장에서는 때때로 가혹한 판단을 내려야 할 때가 있다. 그때의 판단 기준은 최대한 합리적이며 평등한 것이어야 한다. 물론 현장에서 트리아쥬를 실행해야 하는 사람들의 고충은 너무나도 크겠지만 말이다. 그와 마찬가지로 투자에서도 트리아쥬 같은 기준을 세울 필요가 있다.

여기서 '행동 경제학'이라는 학문을 잠깐 이야기하고 넘어가자. 행동 경제학을 아주 간단히 설명하면 다음과 같다.

'인간은 매우 어리석다'는 것을 연구하는 학문이다.

고전적인 경제학에서는 인간이 영리하며 합리적으로만 행동한다는 것을 전제로 삼는다. 그런데 현실의 인간들은 아무리 봐도 그렇지가 않다. 어째서일까? 이런 생각에서 탄생한 학문이 행동 경제학이다. 1장에서 소개한 '매몰 비용'도 행동 경제학에서 나온 개념이다. 입문서라도 좋으니 행동 경제학에 관한 책을 한 권쯤 읽어 두면 여러분 자신이나 남들이 보여 주는 어리석은 행동이 사실은 어쩔 수 없는 것임을 깨닫게 될지도 모른다.

또한 일반적으로는 '선택지는 많을수록 좋다'는 인식이 있는데, 미국의 심리학자인 쉬나 아이엔가는 선택지가 너무 많으면 오히려 더 잘못된 결정을 할 수 있다는 연구 결과를 발표했다. 메뉴가 지나치게 많은 음식점에 갔을 때 무엇을 주문해야 할지 몰라 고민하다 결국 만족도가 떨어질 수 있다는 이야기다.

삶은 트레이드오프의 연속이다. 무엇을 어떤 자세로 선택해 나갈 것인가? 그런 기본적인 부분이 확고하면 스트레스가 크게 줄어든다.

예컨대 나는 식당에서 메뉴를 고를 때 망설여지면 5초 안에 아무거나 주문한다. 어차피 무엇을 주문하든 주문하지 않은 요리가 신경 쓰일 것을 알고 있기 때문이다.

다시 한번 말하지만, 금융 투자에는 적성 문제가 있다. 개중에는 아주 적성에 잘 맞는 사람도 있지만, 모든 사람이 금융 투자에 소질이 있는 것은 절대 아니다. 실제로 금융 투자를 할지 말지는 개인의 취향이나 성향에 맞춰서 결정해야 한다. 그러나 직접적으로든 간접적으로든 금융 투자와 관계가 있는 학문이나 기술, 개념 중에는 여러분의 삶을 풍요롭게 만들어 주는 것도 있다는 사실을 알아 두자.

보험도 금융 투자의 일종이다

넘어지려 할 때 지탱해 주는 지팡이!

지금까지 금융 투자를 다루면서 구체적인 투자 방법과 그 배경 등을 살펴봤다. 이제 마지막으로 보험을 살펴보자.

여러분은 보험이 무엇을 위해서 존재하는지 아는가?

<u>보험은 넘어지려 할 때 지탱해 주는 지팡이다.</u>

여러분의 이해를 돕기 위해 주식회사 굿아이디어를 다시 예로 들어 보겠다.

주식회사 굿아이디어는 순조롭게 사업을 펼치고 있지만, 한 가지 불안 요소가 있다. 경영자인 내게 회사의 모든 일이 집중되고 있다는 것이다. 이런 상태에서 내가 교통사고로 죽기라도 한다면 주식회사 굿아이디어는 엄청난 혼란에 빠질 것이다. 그렇게 되면 회사가 진 빚은 어떻게 갚을 것이며, 직원들에게 줄 급여는 어떻게 마련해야 할까?

이럴 때 등장하는 것이 보험이다. 내게 뜻하지 않은 사고가 일어나면 일정 금액의 보험료가 회사에 들어오도록 보험에 가입하는 것이다. 물론 내게 아무 일도 일어나지 않는다면 보험료는 낭비되어 버리지만, 보험에 가입함으로써 안도감을 얻을 수 있다. 이것은 가정도 마찬가지다. 생활비를 벌어 오던 가장에게 뜻밖의 사고가 닥쳤을 때 어느 정도의 돈이 들어오도록 보험에 가입하는 일은 흔히 볼 수 있다.

이와 같이 보험에 가입하는 목적은 보장을 받기 위해서다. 사업이나 생활이 일정 수준 아래로 떨어지지 않도록 보호하기 위한 예방책이라는 것이다.

이제 보험의 구조를 공부해 보자. 보험을 성립시키는 원리는 대수의 법칙이다.

예를 들어 주사위를 한 번 굴렸을 때 1의 눈이 나올 확률은 얼마일까? 정답은 6분의 1이다. 그렇다면 주사위를 60번 굴렸을 때 1의 눈이 나오는 횟수는 어떻게 될까? 확률이 6분의 1이니 정확히 열 번이 나올까? 실제로는 그렇지 않을 것이다. 여섯 번밖에 안 나올 수도 있고, 어쩌면 열다섯 번이나 나올 수도 있다. 그렇다면 6000번을 굴렸을 때는 어떨까? 왠지 1000번에 가까울 것이라는 생각이 들지 않는가? 더 나아가 60만 번을 굴린다면 1의 눈이 나오는 횟수는 아마도 10만 번 정도가 될 것이다.

이와 같이 횟수가 적을 때는 들쑥날쑥하더라도 횟수를 몇 번이고 되풀이하면 조금씩 이론적인 값에 가까워지는 것이 '대수의 법칙'이다. 수학에서는 '통계학'이라고 부르는 분야다.

대수의 법칙을 이용하면 '5년 이상 무사고 운전에 교통 법규를 위반한 적도 없는 20대 남성이라면 아마도 이 정도의 확률로 사고를 일으킬 것이다.'와 같은 식으로 그 위험성을 어렴풋이 파악할 수 있다. 물론 실제로는 20대 남성 중에도 난폭하게 운전하는 사람이 있는가 하면 얌전하게 운전하는 사람도 있을 것이다. 그러나 보험 제도를 설계할 때는 그런 개개인의 사정을 생각하기보다 대수의 법칙에 따라 기준을 마련하는 편이 더 확실하다.

보험의 큰 틀은 다음과 같다.

- 모두가 함께 돈을 내서
- 일정 확률로 발생하는 사고에 대해
- 서로를 보장해 주자.

보험은 이와 같이 상부상조의 시스템이다.

실제로는 보험 회사라는 조직이 여러분에게서 돈을 모아 보험을 운영한다. 보험 회사는 여러분에게서 모은 돈을 회사 금고에 고스란히 넣어 두는 것이 아니라 다양한 형태로 금융 투자를 해서 이익을 올린다. 그렇게 해서 얻은 이익과 보험금으로 보장 제도를 유지하는 것이다. 다루는 금액의 규모가 매우 크기 때문에 보험 회사는 금융 시장에서 거대한 플레이어(참여자)로 군림하고 있다. 따라서 보험에 가입한 여러분은 보험 회사를 통해 간접적으로 금융 투자를 하고 있는 셈이다.

그리고 시간이 흐르면서 좀 더 적극적으로 이익을 지향하는 보험도 늘어났다. 최근의 보험 상품 중에는 보장이 목적인지 자금 운용이 목적인지 헷갈리는 것도 많다. 어떤 보험은 투자 신탁과 거의 차이가 없다.

또한 보험은 세금과 밀접한 관계가 있다. 이것은 매우 어려운 이야기이므로 간단하게만 알아 두자. 보험 중에는 가입을 하면 세금을 줄여 주는 것이 있다. 내야 할 세금을 줄이는 것도 일종의 금융 투자다.

이와 같이 보험에는 보장과 투자라는 두 가지 측면이 있다. 금융 투자 중에서 변종이라고 할 수 있는데, 그런 까닭에 '확실한 보장이 필요해서' 보험에 가입하려던 사람이 '금융 투자의 성향이 강한 보험에 가입하고 마는' 경우도 늘고 있다. 현재 자신에게 어떤 보장이 필요하며, 그 보장을 받기에 알맞은 보험은 무엇인지 분명히 확인할 필요가 있다.

연금은 매우 특수한 보험

장수 시대의 필수품!

아마 여러분도 연금이라는 말은 들어 본 적이 있을 것이다. 연금은 보험 중에서도 매우 특수한 분야다.

앞에서 보험은 '넘어지려 할 때 지탱해 주는 지팡이'라고 말했다. 그렇다면 연금은 무엇일까?

<u>연금은 장수할 때를 위한 보험이다.</u>

현대 사회는 돈이 없으면 하루도 살아가기가 어렵다. 그러나 나이가 들면 젊었을 때처럼 일을 해서 돈을 벌기가 쉽지 않다. 그래서 다음과 같은 보험 식의 발상이 등장했다.

• 모두가 함께 돈을 내서

- 일정 확률로 발생하는 장수에 대해
- 서로를 보장해 주자.

이것이 연금의 기본 틀이다. 나이가 들어 이전처럼 일할 수 없게 되더라도 어느 정도 생활을 해 나갈 수 있도록 서로가 서로를 지탱해 주자는 것이다. 서로가 서로를 지탱해 주는 구도이다 보니 이익을 보는 사람이 있는가 하면 손해를 보는 사람도 있다.

- 젊은이에게서 고령자에게로
- 돈의 여유가 있는 사람에게서 여유가 없는 사람에게로

이것이 연금의 기본적인 발상이다. 현재 이 균형이 무너지면서 문제가 되고 있다. 저출산·고령화가 진행되면서 '젊은이에게서 고령자에게로'라는 흐름이 원활하지 않게 된 것이다. 이 흐름을 바꾸기 위해서는 다음과 같은 변화가 필요하다.

- 젊은 세대를 늘린다.
- 고령자의 수입을 줄인다.
- 일할 수 있는 최고 연령을 높인다.

연금도 보험의 일종이므로 엄청난 규모의 돈이 운용되고 있다.

직접 금융 투자를 하지 않는 사람이라도 연금 보험료를 내고 있거나 연금을 받고 있다면 간접적으로 금융 투자를 하고 있는 셈이다. 금융 조직의 투자가 성공적이면 모두가 걱정 없이 연금을 받을 수 있지만, 실패한다면 받을 수 있었던 연금도 받지 못하게 될지 모른다.

현재는 성인이 되면 의무적으로 공적 연금에 가입해야 한다. 그러므로 여러분도 몇 년이 지나면 연금에 가입하게 될 것이다. 여기서는 다루지 않았지만, 연금에도 여러 종류가 있다. 또한 마음대로 가입할 수 있는 개인 연금도 있다. 미래의 연금 수입을 늘리기 위해 젊을 때 보험료를 더 내는 것이다. 최근에는 확정 기여 연금이라는 방식이 널리 확산되었다. 직접 투자 상품을 결정하고 운용을 해 미래에 연금으로 받는 방식이다. '투자 신탁을 통한 금융 투자'와 같은 발상인데, 그것을 연금 제도로 정비한 것이라고 할 수 있다.

연금은 많은 사람에게 생활과 직결되는 중요한 문제다. 그래서 세금이 그다지 많이 부과되지 않도록 세법이 설계되어 있다. 세금도 우대받는 것이다.

여러분처럼 중학생 또는 고등학생일 때부터 연금을 생각하기는 어려울지도 모르지만, 연금은 앞으로 기나긴 삶을 살아갈 여러분과 밀접한 관계가 있다. 이 책을 통해 조금이라도 관심이 생겼다면 다행스러운 일이다.

○ 금융이란 '돈이 일을 하게 해서 돈을 불리는 활동'이다.

○ 금융 투자를 할 때, 큰 리턴(수익)을 원한다면 큰 리스크(불확실성)를 짊어져야 한다.

○ 금융 투자 중에는 남에게 돈을 빌려서 하는 것도 있다.

○ 부동산 투자에서는 누군가에게 임대하거나 매각함으로써 돈을 회수한다. 임대는 장기적, 매각은 단기적일 경우가 많다

○ 부동산 투자를 할 때는 빌린 돈을 자금원으로 삼는 경우가 많다. 효율적인 투자를 위해서는 초기 투자액이 너무 크지 않도록 하는 편이 바람직하다. 또한 부동산은 소유하기만 해도 유지하는 데 꽤 큰 비용이 든다.

○ 부동산 투자에서는 물건의 인기도가 매우 중요하다. 인기가 많은 부동산은 임대든 매각이든 유리한 상황을 만들 수 있다. 또한 물건 자체의 인기뿐만 아니라 그 물건이 위치한 곳의 인기도도 중요하다.

○ 부동산 투자는 상속세 대책으로 이용될 때도 많다.

○ 대부를 통한 투자는 돈을 빌려준 상대로부터 이자를 받음으로써 수익을 얻는다. 대부는 장기간에 걸쳐 이루어질 때가 많다.

○ 상대에게 직접 돈을 빌려주는 방법은 다음과 같은 이유로 쉽지 않다.
  · 도중에 현금화하기가 어렵다.
  · 상대의 신용력 등을 직접 조사하기가 어렵다.

○ 대부에서는 신용력이 중요하다. 신용력이 있으면 이런 이점을 누릴 수 있다.
  · 돈을 많이 빌릴 수 있다.
  · 유리한 조건으로 빌릴 수 있다.
  의도적으로 신용력이 낮은 상대에게 돈을 빌려줌(리스크)으로써 큰 수익
  (리턴)을 노릴 수도 있지만, 빌려준 돈을 돌려받지 못할 위험성도 그만큼
  커진다.

○ 금리는 경기가 나쁘면 하락하고 경기가 좋으면 상승한다. 국가의 신용도가
  떨어지면 금리가 오르기도 한다.

○ 국채나 회사채 등의 채권을 구입함으로써 대부를 통한 투자를 할 수도 있
  다. 현금화하기가 비교적 쉽고, 이율도 직접 따져 볼 필요가 없다.

○ 출자를 한다는 것은 '주식을 산다'는 것과 같은 의미다. 주식을 가지고 있으
  면 다음의 두 가지 방법으로 이익을 낼 수 있다.
  · 배당금을 받는다.
  · 주식을 팔아서 이익을 낸다.

○ 배당금은 주식을 발행한 회사가 얼마나 이익을 냈느냐에 따라 변동된다.

○ 주식을 사고팔 때 어려운 점은 거래 상대를 찾아내는 것이다. 상장은 그런
  어려움을 덜어 준다. 상장 주식은 거래 상대를 금방 찾아낼 수 있다.

○ 상장 주식은 비상장 주식보다 투자 대상으로서 매력적이다. 한편 일부러
  비상장 주식에 투자한 다음 상장시켜서 이익을 내는 방법도 있다. 또한 주
  식이 상장되었을 때 회사를 세운 사람이 이익을 손에 넣는 경우도 많다.

○ 사업을 하는 사람으로서는 주주가 많으면 그만큼 간섭이 많아진다. 그래서
  최근에는 상장 기업이 비상장으로 변경하는 경우도 있다.

○ 크라우드펀딩이라는 새로운 출자의 형태가 생겨났다. 기존의 출자를 통한 투자와는 형식이 다르지만, 자금을 모으는 새로운 방법으로서 눈길을 끌고 있다.

○ M&A, 즉 합병과 인수로 회사 자체를 사고파는 일이 늘고 있다.

○ 선물 거래, 옵션 거래, 외화 투자, 투자 신탁, 랩어카운트 등 다양한 투자 방법이 있다. 짊어지는 리스크가 어느 정도이며 노리는 수익은 어느 정도인지 제대로 이해한 다음 투자를 해야 한다.

○ 실물 경제와 금융 경제 중에서는 금융 경제가 훨씬 거대하다. 우리의 생활은 금융 경제의 동향에 따라 크게 변화한다.

○ 개인 투자자는 단기 승부에서 거대 자본을 절대로 이길 수 없다. 거대 자본의 고속화, 거대화되는 거래 수법에 대해 개인 투자자는 자기만의 중심축을 가질 필요가 있다

○ 금융 투자를 이해하고 나서 금융 투자를 하지 않기로 결정하는 것도 훌륭한 선택이다. 다만 금융 시장의 동향에는 주의를 기울이는 편이 좋다.

○ 금융 투자를 하지 않더라도 금융 투자와 관련된 학문이나 기술 중에는 삶에 유용한 것이 많다. 실생활에서 활용할 수 있는 것도 많으니 공부해 보는 것도 좋다.

○ 보험은 금융 투자의 일종이다. 뜻하지 않은 사고에 대한 보장이 목적이지만, 그와 함께 운용의 자세가 요구되는 경우도 많다.

○ 연금은 장수에 대한 보험이다. 젊은 세대와 노인 세대, 금전적 여유가 있는 사람과 없는 사람이 서로를 돕는 상부상조의 시스템으로 이루어진다.

불안정해질 것,
그리고 지금을 살며 집착하지 않을 것!

인간은 '안정'을 추구한다. 그러나 안정적인 상태라는 것은 가만히 있는 상태라는 뜻이다. 서로에게 칼날을 겨누는 현장에서 가만히 서 있으면 어떻게 될까? 가만히 있으면 그만큼 움직임이 느려진다. 따라서 틀림없이 상대의 칼에 베일 것이다.

그러니 살아남고 싶으면 '불안정'해져라. 이것은 사업을 할 때도 마찬가지다. 회사가 펼치는 사업의 영속성이나 강점을 끊임없이 의심하면서 개선을 거듭하고, 경쟁사의 동향에 주의를 기울이며, 계속해서 변화를 꾀한다. 성장하는 회사의 자세는 안정과는 거리가 멀다.

'선(禪)'이라는 말을 들으면 여러분은 무엇을 상상하는가? 아마도 '무심', '정신통일', '집중' 같은 말이 떠오를 것이다. 내 나름대로 설명을 하면, 선의 특징은 다음의 두 가지다.

· 현재를 산다.

· 집착하지 않는다.

인간은 이미 지나간 과거에 미련을 갖고, 아직 일어나지도 않은 미래를 걱정한다. 그러나 정말로 중요한 일은 바로 현재를 충실하게 사는 것이다. 대개는 과거의 분노를 떠올리며 남을 원망하거나 과거의 행복을 더듬으며 그리워한다. 한편 아직 일어나지도 않은 일을 걱정하면서 결국 아무것도 하지 않는다. 냉정하게 생각해 보면 이것이 얼마나 비효율적인 일인지 알 수 있다.

식사를 예로 들어 보자. 염분은? 식감은? 온도는? 어떤 재료가 사용되었으며 누가 만들었는가? 이런 것에 집중하면서 눈앞의 음식을 천천히 맛보는 것도 선의 하나라고 할 수 있다.

그리고 집착하지 않는다. '뭐, 그렇게 되었구나.'라고 받아들이는 것이다. 안타깝게도 일본에는 자살하는 사람이 매우 많은데, 그 이유 중 하나가 '집착'이다. '나는 이런 사람이어야 한다'거나 '사회는 좀 더 이렇게 되어야 한다'는 식의 강한 집착이 몸과 마음을 병들게 하고, 마침내는 자신을 학대하고 죽음으로 이끌게 된다.

사업이든, 금융이든, 그리고 삶이든, 가장 중요한 것은 자기 자신을 함부로 대하지 않고 계속 도전해 나가는 자세다.

"무언가에 도전해서, 그 도전이 생각했던 결과로 이어지는 일은 거의 없다."

이것은 병법부터 종교, 철학에 이르기까지 동서고금의 수많은 현자들이 해 온 말이다. 여러분이 앞으로 하게 될 온갖 투자 역시 실패로 끝나는 일이 많을 것이다. 그러나 그것은 결코 나쁜 일도, 창피한 일도 아니다. 여러분 앞에 어떤 도전, 어떤 투자의 선택지가 있을지 끊임없이 생각해 보기 바란다.

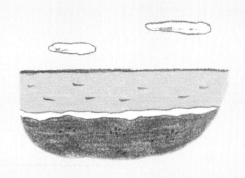

도전하고, 실패하고, 교훈을 얻고,
그리고 다시 투자한다!

이 책의 원고를 완성한 때는 2019년 말이다. 그리고 이 '나가는 말' 원고는 2020년 3월에 쓰고 있다. 2020년에는 개인적으로도, 그리고 세계적으로도 커다란 사건이 있었다.

먼저 개인적으로는 2020년 1월에 아버지가 큰 병을 얻었다. 사실은 아버지도 나와 마찬가지로 세무사였다. 아버지가 쓰러지면서 아버지가 벌인 일을 내가 해내느라 최근 한 달 동안 거의 쉬지도 못하고 잠도 못 자면서 일에 몰두해 왔다. 만약 내가 세무사라는 길을 선택하지 않았다면, 이 사태를 해결하지 못했을 것이다. 그리고 내가 처음으로 아버지에게 효도라는 것을 했다는 생각이 들었다. 내 인생에서도 직업을 선택하는 데 몇 번의 기회가 있었는데, 그 중에서 세무사를 선택한 것은 바로 지금을 위해서였는지도 모른다.

그리고 세계적으로는 코로나19로 벌어진 혼란이 수습될 기미도 없이 현재 진행형으로 이어지고 있다. 이 책을 읽고 있는 여러분도 학교 수업이나 행사를 비롯해 여러 가지로 영향을 받고 있을 것이다. 코로나19는 사람들의 건강뿐만 아니라 경제에도 어마어마한 악영향을 끼친다. 내 고객 중에도 이벤트업이나 요식업에 몸담고 있는 분들은 매우 힘든 상황에 놓여 있다. 건설업이나 제조업도 부품 따위를 제때 제공받지 못해 사업이 나아가지 못하고 있다.

이번 감염병으로 '만원 버스나 지하철을 타고 학교나 회사에 다니는' 방식에 다들 의문을 갖게 되었다. 앞으로는 온라인 학습이나 재택근무, 원격 의료 같은 분야가 더욱 주목을 받게 될 것이다. 또한 증강 현실이나 가상 현실 같은 기술의 활용, 물류의 재구축, 긴급 사태가 일어났을 때의 홍보 등 다양한 분야에 사회적인 투자가 이루어져야 할 것이다.

그리고 물건을 중심으로 하는 사회 구조에서 좀 더 '몸'과 '마음'이 주목받는 방향으로 바뀔 것으로 예상된다. 우리는 아무리 어려운 상황에 맞닥뜨리더라도 물러서지 않고 때로는 기다리며, 때로는 몸부림치며 어떻게 해서든 살아남아야 한다. 그러기 위해서는 튼튼하고 강한 '몸'과 '마음'을 키워야 한다. 이것이 이 책에서 말하고자 하는 중요한 메시지이기도 하다.

때때로 현실은 우리의 상상을 훌쩍 뛰어넘는 변화를 보인다. 모든 것을 예상하기란 불가능하다. 그렇기에 더더욱 어떤 일이 일어나더라도 살아남을 수 있도록 돈, 일하는 방식, 기술, 능력, 생각 등에서 여러 가지 유연한 선택지를 마련하는 게 좋다.

좋은 의미에서든 나쁜 의미에서든 전 세계가 연결되어 있는 오늘날, 평가 축은 끊임없이 바뀌고 있다. 지금까지 성공으로 여겨졌던 삶의 방식이나 사고방식이 어느 날 갑자기 근본부터 뒤엎어지기도 한다. 그러한 패러다임의 전환이 일어날 확률은 해마다 높아지고 있다.

나는 이 책을 10대 여러분이 읽는다는 전제에서 썼다. 앞으로 자신의 인생을 개척해 나갈 여러분이 좀 더 다양한 가치관과 사고방식을 접하고, 여러 가지 투자의 가능성을 찾아내도록 돕고 싶다. 이것이 이 책을 쓰게 된 계기였다. '젊음'이라고 하면 여러 이미지가 떠오르지만, 그중에서도 가장 큰 것은 도전이 아닐까?

도전하고, 실패하며, 교훈을 얻어서, 투자를 계속한다. 이것이 바로 이 책을 통해서 전하고자 하는 가장 중요한 주제다.

어쩌면 이 사회는 늙은 것처럼 보이지만 아직 젊은지도 모른다. 그렇게 생각하면 코로나19로 일어난 혼란도 사회가 아직 젊기에 벌어진 시행착오 아닐까 하는 생각이 든다. 코로나19로 수많은 사람이 어려움에 빠져 있다. 이 손실은 단기간에 극복하기 어려울 만큼 심각하다. 그렇기에 더더욱 이 대혼란 속에서 우리는 어떤 교훈을 얻고 사회를 어떻게 변혁해 나갈지 진지하게 논의해야 한다.

이미 젊음을 잃은 어른들도 느긋하게만 있어서는 안 된다. 어른이 먼저 나서서 다양한 투자를 벌이고 변화를 받아들여야 한다. 그리고 행동으로 젊은이들에게 보여 주어야 한다. 지금이야말로 그런 자세가 절실한 때이다.

투자란 무엇인지 깊이 생각할수록 인간이 혼자서 할 수 있는 일은 매우 적다는 사실을 깨닫는다. 아버지가 쓰러지면서 내가 몹시 힘든 처지에 놓였을 때 동업자들과 사무실 직원들, 함께 취미 활동을 하면서 교류하던 친구들, 그리고 가족들이 내게 큰 힘이 되었다. 2011년 3월 동일본 대지진이 일어났을 때도, 이번의 코로나19 사태에서도 누군가가 누구를 도왔다는 이야기를 들을 수 있었다. 지금도 전 세계에서 많은 사람이 의료 활동을 통해, 생활용품과 식량 보급을 통해, 인프라 정비를 통해 필사적으로 사회를 지탱하고 있다.

나는 "무엇을 하느냐보다는 누구와 하느냐가 훨씬 중요하다.", "누군가를 도울 수 있다는 것은 정말로 행복한 일이다."와 같은 말들을 줄곧 곱씹어 왔다. 사람들은 자신이 가진 한정된 것들을 똑바로 바라보고, 투자를 해서, 성과를 얻는다. 그리고 다른 누군가와 손을 맞잡고 더 커다란 흐름을 만들어 낸다. 누군가가 이렇게 투자를 계속해 와서 오늘날 여러분이 사는 사회를 키워 온 것이다. 여러분이 이 책을 읽고 나서 그 흐름을 이어받아 나간다면 정말로 기쁠 것이다.

투자라는 딱딱하고 어려운 이야기를 10대인 여러분이 조금이라도 친근하게 느낄 수 있도록 하려고 이 책을 썼다. 그 시도가 성공했다면 아마도 다케나가 에리 씨가 그려 준 그림의 공이 클 것이다. 다케나가 씨는 여러분 주위에 있는 물건이나 일어나고 있는 일이 '누군가가 한 투자'와 관련되어 있다고 느낄 만한 멋진 그림을 그려 주었다. 사실 다케나가 씨와는 아카펠라 이벤트에서 우연히 만났다.

인연이란 어디서 어떻게 이어질지 모르는 참으로 재미있는 것 이다. 이 책과의 만남이 여러분에게 좋은 인연으로 이어진다면 그보다 더 보람된 일도 없을 것이다.

지식은 모험이다 23

10대에 투자가 궁금한 나, 어떻게 할까?

처음 인쇄한 날   2021년 12월 10일
처음 펴낸 날   2021년 12월 24일

글   다카하시 마사야
옮김   김정환
펴낸이   이은수
편집   오지명
교정   송혜주
디자인   원상희
펴낸곳   오유아이(초록개구리)
출판등록   2015년 9월 24일(제300-2015-147호)
주소   서울시 종로구 비봉 2길 32, 3동 101호
전화   02-6385-9930
팩스   0303-3443-9930
인스타그램 instagram.com/greenfrog_pub

ISBN 979-11-5782-124-2 44300
ISBN 978-89-92161-61-9 (세트)